2018年国家汉办孔子学院建设与汉语国际教育课题重点项目"孔子学院经费管理和绩效评估研究"(18CI06B)成果

孔子学院财务管理的绩效评价研究

王冀宁　刘国新　蒋海玲　李　雯　著

东南大学出版社
SOUTHEAST UNIVERSITY PRESS
·南京·

内容提要

　　本书介绍了国际语言教育机构和孔子学院财务管理的绩效评价的背景和意义,梳理了国际语言教育机构和孔子学院财务管理的绩效评价的研究状况、现状和未来发展趋势,开展了国际语言教育机构和孔子学院运行模式的国际比较研究,构建了孔子学院财务管理绩效评价的流程,归纳了孔子学院财务管理绩效评价的主要技术方法,确立了孔子学院财务管理绩效评价的内容,借鉴了欧洲三所孔子学院财务管理绩效评价的案例素材,通过实地采集数据对欧洲 S 大学孔子学院财务管理的绩效评价进行实证研究,发现了存在的问题并提出了相关对策和建议。本书选题新颖、文献翔实、内容丰富、方法科学,可供从事国际语言教育机构和孔子学院相关研究的学者、从事财务管理和绩效评价研究的学者及实务工作者借鉴。

图书在版编目(CIP)数据

　　孔子学院财务管理的绩效评价研究 / 王冀宁等著.
— 南京 : 东南大学出版社,2020.3
　　ISBN 978 - 7 - 5641 - 8728 - 6

　　Ⅰ.①孔⋯　Ⅱ.①王⋯　Ⅲ.①汉语-对外汉语教学-
教育组织机构-账务管理-研究　Ⅳ.①H195 - 40

　　中国版本图书馆 CIP 数据核字(2019)第 289574 号

孔子学院财务管理的绩效评价研究

Kongzi Xueyuan Caiwu Guanli De Jixiao Pingjia Yanjiu

著　　者	王冀宁　刘国新　蒋海玲　李　雯	责任编辑	刘　坚
电　　话	(025)83793329　QQ:635353748	电子邮件	liu-jian@seu.edu.cn
出版发行	东南大学出版社	出 版 人	江建中
地　　址	南京市四牌楼 2 号	邮　　编	210096
销售电话	(025)83794561/83794174/83794121/83795801/83792174　83795802/57711295(传真)		
网　　址	http://www.seupress.com	电子邮件	press@seupress.com
经　　销	全国各地新华书店	印　　刷	虎彩印艺股份有限公司
开　　本	700mm×1000mm　1/16	印　　张	11.25　字　数　200 千字
版　　次	2020 年 3 月第 1 版	印　　次	2020 年 3 月第 1 次印刷
书　　号	ISBN 978 - 7 - 5641 - 8728 - 6		
定　　价	50.00 元		

前　　言

国际语言教育机构的主要宗旨在于为非本国人员提供语言教学、推广本国语言和文化、为加强国家间交流和各国友好关系的发展提供平台和创造机会。国际语言教育机构在向世界其他国家和地区传播语言的同时，更加注重文化的传播，增进世界其他国家和地区对本国文化的了解与理解。国际语言教育机构在增进国家间交流和合作、塑造本国良好形象、促进文化的多样性存在和发展、维护国家利益方面发挥着至关重要的作用。

孔子学院是中国国家汉语国际推广领导小组办公室在世界各地设立的推广汉语和传播中国文化的机构，是一个非营利性的社会公益机构，一般都是下设在国外的大学和研究院之类的教育机构里。孔子学院最重要的一项工作就是给世界各地的汉语学习者提供规范、权威的现代汉语教材，提供最正规、最主要的汉语教学渠道。

开展财务管理的绩效评价对于孔子学院能否高效地运行至关重要，迄今为止，对于孔子学院财务管理的绩效方面的研究尚不多见。在当前各级各类企事业单位普遍推广财务管理的绩效评价的大背景下，开展此方面的研究具有重要的理论价值和现实意义。

本书介绍了国际语言教育机构和孔子学院财务管理的绩效评价的背景和意义，梳理了国际语言教育机构和孔子学院财务管理的绩效评价的研究状况、现状和未来发展趋势，开展了国际语言教育机构和孔子学院运行模式的国际比较研究，构建了孔子学院财务管理绩效评价的流程，归纳了孔子学院财务管理绩效评价的主要技术方法，确立了孔子学院财务管理绩效评价的内容，借鉴了欧洲三所孔子学院财务管理绩效评价的案例素材,通过实地采集数据对欧洲 S 大学孔子学院财务管理的绩效评价进行实证研究,发现了存在的问题并提出了相关对策和建议。本书选题新颖、文献翔实、内容丰富、方法科学,可供从事国际语言教育机构和孔子学院相关研究的学者、从事财务管理和绩效评价研究的学者及实务工作者借鉴。

　　本书由王冀宁老师负责总体架构和统稿,刘国新老师撰写了 9 万字,薛怡和赵梦秋两位研究生各自撰写了 2 万字,涂怡青、龙光耀两位研究生完成了全书的录入和校对工作,蒋海玲、李雯两位老师负责实地调研和数据采集工作,加拿大多伦多大学的王雯熠同学提供了相关的国际语言教育机构的资料。

　　由于时间有限,本书仍存在不足之处,本书提出的理论研究仍有待进一步深入,恳请各位专家学者不吝赐教。

目　　录

图目录

表目录

第一章
孔子学院绩效评价研究的背景及意义

第一节　孔子学院绩效评价的基本概念释义

一、国际语言教育机构

　　国际语言教育机构的目的主要是提供语言教程,推广本国语言,为加强国家间交流和各国友好关系的发展提供平台和创造机会。国际语言教育机构在向世界其他国家和地区传播语言的同时,更加注重文化的传播,以增进其他国家和地区对本国文化的了解与理解。当然,文化的内涵非常丰富,涵盖了经济、政治、教育、宗教、历史、文学语言、民俗民风、经典国粹以及社会的方方面面,文化传播俨然已经作为国家外交的重要手段和途径,对增进国家间交流和合作、塑造本国良好形象、促进文化的多样性、维护国家利益发挥着至关重要的作用。这种使命更大意义上是国家使命,尽管不同国家由于推广机构的性质差异,在具体的侧重点上存在一些差异,但是这种使命上至国家和政府层面,下至机构的具体文化使者和传播者,在21世纪全球化时代显得尤为重要,甚至迫切。它强调了"国家利益"的重要性,突出了文化在国际间理解和交流合作中的重要性。

二、孔子学院(Confucius Institute)

　　孔子学院是中国国家汉语国际推广领导小组办公室在世界各地设立的推广汉语和传播中国文化的机构,它并非一般意义上的大学,而是从事汉语推广和中国文化传播的交流机构,是一个非营利性的社会公益机构,一般都是下设在国外的大学和研究院之类的教育机构里。孔子学院最重要的一项工作就是给世界各地的汉语学习者提供规范、权威的现代汉语教材,提供最正规、最主要的汉语教学渠道。

三、财政支出

财政支出也称公共支出或政府支出,是政府为履行其自身的职能,对其从私人部门集中起来的以货币形式表示的社会资源的支配和使用。在此有必要区分"财政支出"与"财政开支"两个概念:在财政预算意义上,财政支出是指政府可以支配的货币额,而与此相关的财政开支则是指政府在一定时期内实际花费掉的货币总额。当财政支出大于财政开支时,则政府财政预算上会出现财政盈余,反之就会出现财政赤字。财政支出是政府分配活动的重要方面,财政对社会经济的影响作用主要是通过财政支出来实现的,因而财政支出的规模和结构,往往反映一国政府为实现其职能所进行的活动范围和政策选择的倾向性。

四、绩效评价

绩效评价是指运用一定的评价方法、量化指标及评价标准,对中央部门(这里指孔子学院总部/国家汉办)为实现其职能所确定的绩效目标的实现程度,及为实现这一目标所安排预算的执行结果所进行的综合性评价。绩效评价的过程就是将员工的实际工作绩效同要求其达到的工作绩效标准进行比对的过程。

五、指标体系

指标体系是指由若干个反映社会经济现象总体数量特征的相对独立又相互联系的统计指标所组成的有机整体。在统计研究中,如果要说明总体全貌,那么只使用一个指标往往是不够的,因为它只能反映某一方面的数量特征,这个时候就需要同时使用多个相关指标,而这多个相关的又相互独立的指标所构成的统一整体,即为指标体系。

第二节 孔子学院绩效评价的研究背景

2004 年 11 月 21 日,全球第一所孔子学院在韩国首尔正式揭牌。时至今日,孔子学院的发展规模稳步扩大、办学质量逐步提升、运营模式日渐成熟,已成为中华文化走出去、开展人文交流的成功范例,也是世界各国人民学习汉语和了解中华文化的重要阵地,并且已成为中外人文交流的重要平台。习近平主席曾多次明确指出:"孔子学院属于中国,也属于世界。""孔子学院是世界认识中国的一个重要平台。"

近年来,随着孔子学院在世界各地的蓬勃发展,其正在扮演着传播中国语言文化和核心价值观的重要角色。在跨文化传播语境下,孔子学院将全面迎来重要的转型期——从量的提升转向注重质量、内涵、功用的全面优化。孔子学院总部/国家汉办一直努力进行有益尝试,以期建立与跨文化传播相适应的孔子学院管理架构和模式。然而,随着组织规模和影响力的不断扩张,其内部管理和外部评价等方面的问题受到了越来越多中外学者的关注,尤其对于孔子学院这种非营利教育机构而言,如何对其进行绩效评价一直以来都是学界争议的热点。

事实上,从教育层面来讲,公立教育机构的绩效评价在近几年始终是国内外研究的一个重要方向。区别于盈利型的企业组织,国际性的教育机构的运营目标和目的往往是复杂的、多元的、多层次的,大多难以用简单的定量指标来表示。经过大量学者的探索,目前在理论方法和实际操作中,都形成了较为丰富的初步成果,并让本书的后续研究有据可依。对其进行绩效评价的普遍思路是通过对思维导图和模型的构建,形成一个指标体系,并对该指标体系进行科学测算,从而得出评价结论。而孔子学院作为这样一个兼顾教学和文化传播的机构,为其制定评价体系确实存在一定难度。在孔子学院在世界范围内快速发展的今天,如何为孔子学院制定办学绩效评价体系,提升其办学质量,不仅对孔子学院的未来发展非常重要,也是中国文化走出去的立足点。

第三节　孔子学院绩效评价的研究意义

一、有利于完善孔子学院制度建设,细化其流程管理

　　孔子学院的财务管理制度涵盖了预算管理办法、国际会议经费管理办法、专项经费管理办法、日常报销管理办法等,对相关业务做出详细明确的要求。孔子学院的项目实行负责人制,明确要求负责人对业务的真实性负责。孔子学院绩效评价体系的设立有利于完善孔子学院财务管理制度,同时,有利于细化其管理流程,如预算审批、报销审核、合同订立等,有利于管理制度化、制度流程化、流程节点化、风险最小化。

二、有利于提升孔子学院预算的科学化及精细化管理

　　(1)加强财务基础性管理,如做好项目专项资金划拨、日常运营收支等基本数据的收集、记录、管理工作,制定合理的经费支出标准。

　　(2)强化预决算管理。本着高效节俭原则,结合制定的各类标准进行科学测算,编制精细化预算,保证重点支出,严格控制一般性支出。加强预算执行过程管理,定期进行资源成本核算,核对并公开项目进度和经费使用情况,提高执行效率。

　　(3)强化财务监管和审查评估。细化各项财务监管制度,加强成本核算,对重要以及大型的专项经费全程监控,提高资金使用效率。

三、有利于提高孔子学院的实力、确保可持续的发展

　　孔子学院建立绩效评价体系可以加强管理和战略决策、战略规划,同时制定绩效评价体系通常能够产生较好的工作表现和工作绩效。评估孔子学院管理的绩效,能够加强跟孔子学院总部和国家汉办进行交流,促进大学内部开展一些相关的工作,提高孔子学院的实力,确保可持续发展。

　　综上,新常态背景下我国社会各个领域都将发生深刻的变化,在这一背景下孔

子学院的办学模式也将发生相应的变化。为进一步提升第三方介入孔子学院办学模式的效果提供理论和技术上的保障,需要制定好科学的绩效评估体制。孔子学院已成为中外人文交流的重要平台,是世界认识中国、加深中国与各国跨文化交流的重要平台。应加大跨文化语境下孔子学院的绩效评价与管理研究,引入国内外在这方面具有优势的研究机构一同开展绩效评价。在培养能够进行语言与文化教学的师资队伍的同时,建立进行绩效评价的委托机构或专门机构,长期开展研究,把已经取得的实践提升为理论,用理论指导和帮助实践,以"创新、合作、包容、共享"为努力方向,为促进多元多彩孔子学院发展模式做出新的贡献。

第二章
国际语言教育机构研究文献综述

第一节　国际语言教育机构的设立背景

随着语言传播方式的进一步发展,各国设立语言教育机构加快语言传播速度,成为国际语言传播的主要方式之一。各国在推进各自的语言教育和文化在全球推广的过程中,设立国际语言教育机构或管理部门等成为一种典型模式,比较著名的有英国文化委员会、法语联盟、歌德学院、孔子学院等。

各国为了推广自己的语言文化,开展了丰富多彩的教学和推广培训活动主要有如下形式:(1) 将语言教学划分为不同的等级,并根据完成情况授予相应的学位,制定出符合其他国家需求的教学理念、教学传统和教学制度,实现别国对本国语言的认同感和传播深度;(2) 许多国家还开展了本国语言的等级考试制度,与高等院校的入学及就业等挂钩;(3) 通过语言教学方式推广语言文化,如从幼儿园至高等院校中开设语言教育课程,包括语言的相关理论知识学习、各种网络学习平台教学和语言教学实践等。

总之,国际语言教育机构肩负着语言推广、文化传播的使命,承担了促进国际文化交流与合作的任务,达成了国家间合作交流深入的效果。

第二节　主要国际语言教育机构概况

一、英国文化委员会

英语能够成为世界第一通用语言,并不是仅仅依靠早期的殖民地教育,更离不开语言推广机构的努力。英国的语言教育推广机构比较多,如英国广播公司、英国文化委员会以及很多英国教育发展中心及各类公共教育机构等。在英语传播推广和发展过程中,起到最主要和核心作用的是英国文化委员会(张西平和柳若梅,2008)。

英国文化委员会成立于 1934 年,以非官方组织注册成立,但实际由政府主导,代表英国政府推广英语,目的是让更多国家了解英国文化,积极促进思想碰撞和知识交流,构建英国和各国人们的相互融合和信任(曹叠峰,2014)。其核心宗旨是,通过积极对外推广英语,实现蕴含在英语中的资本主义社会价值观,实现其经济利益、文化利益、政治利益,最终实现英国在世界范围内的国家利益、外交利益,从而为提升英国的国家综合国力提供强大的动力(王洁,2012)。

英国文化委员会从成立到现在,一共经历了三个发展阶段:第一阶段是二战时期,虽然在二战时期遭到巨大打击,但始终没有中断运行,并且在二战中起到重要作用,通过用文化艺术手段,提高国民士气,鼓励人民共渡难关;第二阶段是 20 世纪 70 年代,英国文化委员会遭遇经费短缺问题,最终通过提供在教育等领域的有偿服务解决经费问题,并得到了快速发展;第三阶段是在全球化以及互联网、多媒体的发展时期,英国文化委员会顺应时代发展潮流,利用现代通信工具、社交软件等,收集信息、传播信息(孙一菲,2013)。如今,英国文化委员会在全球 110 个国家有 230 个分支机构和 138 个教学中心,在 117 个国家的 229 个城市设有办事处,并推出了雅思考试这一项目(杨荣兰,2013),在推广语言的同时,也更好地推动英国文化的传播。

二、法语联盟

法语作为最具世界影响力的语言之一,在多个国家和地区都被使用并作为许多国际组织的工作语言。就推广规模、时间、投入的人力和物力而言,法语的发展历程在其他国际语言发展历史中处于独一无二的地位。法语的推广和发展给法国的外交和经济发展带来极大的便利和帮助,因此,法国的外交也被称为"文化外交"(博纳德·斯波斯基,2011)。

法语联盟成立于1883年,是世界上第一个现代文化传播机构,是非官方组织。与其他语言教育推广机构不同的是,它与政府的关系并不密切,政府作为合作方为其提供必要的帮助,目的是在全球范围内为所有人提供法语教程、传播法兰西文化、促进文化多样性的发展、维持法语"具有国际影响力的语言"的地位(刘洪东,2014)。其宗旨是在进行语言教育和推广的同时弘扬法国文化,同时遵循两条原则:非营利性和不参与法国或所在国任何政治、宗教和种族活动(吴坚,2013)。法语联盟推广和机构建设过程中,根据各个国家和地区的法律和办学条例具体情况,采取不同的合作模式。例如,在中国,法语联盟主要实行与大学合作以及与私有企业和地方政府合作这两种主要模式,加强了和中国文化机构、企业和政府间的交流和合作,提高了法语在中国的知名度和吸引力(关晓红,2015)。

三、歌德学院

歌德学院是德国在海外推广德语、传播德国文化的机构。歌德学院的历史比较悠久,它的形成与德国的政治形势密不可分。二战后,德国政府为了重塑国家形象,并且考虑到德国文化在世界上的地位以及海外人士希望了解德国文化的需求,从而决定创办一所在世界范围内从事文化传播和德语教学的机构(杜巍,2013)。它被称为是和对外政治、对外贸易同等重要的"德国外交的第三支柱"(滕梅和赵瑞芳,2016)。

歌德学院正式成立于1953年,它的前身为德意志科学院。歌德学院虽然是一家法律定位上的民间媒介组织,其实质是一家带有浓重官方色彩、服务于国家利益的文化机构(张帆和王红梅,2006),其目标是在教育、工作和国际理解领域促进德语的传播和提升,提高德语在世界多样性语言中的地位,在全球范围内为展示德国文化和历史提供途径。其宗旨是为世界了解和理解德国语言、文化和社会提供途径,促进国际间文化合作。在文化交流方面,歌德学院注重"互动"(郭原奇,2012),因此,歌德学院在进行本国文化的推广过程中,虽然也有"文化渗透"之嫌,但他们更多地将重心摆在了互相"交流"上(王薇,2014)。

歌德学院站在国家利益的战略高度去推广德语,尤其表现在随着国家外交的调整,歌德学院的布局也相应调整(柏悦,2016)。树立丰富多彩的国家形象是歌德学院始终坚持的目标。在长期的推广德语、德国文化中,歌德学院形成了自己的特色(刘丽平,蒋鑫鑫,2011)。歌德学院也开设语言等级考试,以此加快德语的推广。目前,歌德学院已在92个国家和地区建立了149个分支机构和10个联络处,已形成较为完善的传播体系(戚德祥,2019)。然而,歌德学院并不满足于现状,而是将创新意识始终贯彻于自身事业中,积极利用各种新兴媒介拓宽传播渠道,扩大传播范围,率先进驻3D虚拟世界开展语言文化传播活动(马冲宇,2019)。

四、孔子学院

随着中国经济的快速增长与国际影响力的提升,世界各国与中国联系愈加紧密,对中国的关注从政治经济领域扩展到了文化领域,学习汉语成为一种需要(郭斌和蔡静雯,2019)。目前,全球学习汉语的人越来越多,汉语正随着中国的崛起而走向世界,成为世界范围内的一种重要语言,在其中起着最主要作用的是孔子学院。通过孔子学院对汉语的推广,汉语已逐渐被世界上许多国家纳入国民教育体系。不仅如此,孔子学院的建立还提高了我国的文化软实力并带动相关产业的发展,在国内外掀起一股热潮(朱琳,2011)。

孔子学院成立于2004年,是由国家主导成立的,隶属于国家汉办,目的是为世界各国提供汉语言教学资源和服务,发展多元文化。其宗旨是满足世界各国(地区)人民对汉语学习的需求,增进世界各国(地区)人民对中国语言文化的了解,加强中国与世界各国的教育文化交流合作,发展中国与外国的友好关系,促进世界多元文化发展,构建和谐世界(廖典,2011;邓新和刘伟乾,2017)。在孔子学院的建设过程中,根据各国特点和需求采取不同的办学模式,形成五大合作模式:第一、与国内外高校合作,这是最主要的合作模式;第二、与国内外中学合作,主要是负责中小学教育;第三、外国社团与国内高校合作孔子学院;第四、外国政府及我国政府合作开办孔子学院;第五、企业与高校合作(李佳晔,2011)。

孔子学院从成立到现在,总体数量呈现逐渐上升的趋势,主要分为三个阶段:第一阶段是孔子学院的起步时期,发展速度较慢;第二阶段是孔子学院迅速扩张时期,孔子学院数量迅速增加;第三阶段是孔子学院稳定发展时期,孔子学院增长速度趋于稳定,增长率保持在每年 15%—25% 之间(安亚伦,2016;Gil J,2017)。目前,我国已在全球 154 个国家和地区建立了 548 所孔子学院、1 193 个中小学孔子课堂和 5 665 个汉语教学点,60 多个国家已将汉语纳入国民教育体系,汉语学习人数超过 1 亿人(陈风华和赖小春,2019)。孔子学院的建立不仅有利于汉语的传播,而且促进了我国与其他国家的文化教育交流(刘希等,2017)、经贸合作(苑承丽,2019),也促进了出口规模的增加(康继军等,2019)等。

虽然英国文化委员会、孔子学院、法语联盟以及歌德学院等国际语言教育机构成立的背景、时间、目的及其性质等各方面都不同,但这些语言教育机构都通过各自不同的方式在世界范围内推广各自的语言,都取得了很大的成效。这些语言教育机构的成立和发展不仅为自己国家的发展做出了巨大的贡献,也促进了各国之间的文化交流,促进文化多样性。

第三节　国际语言教育机构的绩效评价研究

语言教育机构一般都是非营利性质的,其存在的主要目的是促进文化的传播与发展。目前,国内外对语言教育机构的绩效评价研究比较少。有些学者提出用五个标准衡量英国文化委员会的成果。这五个标准分别是:第一,英国是否随着时间的推移被承认是一个能满足自身发展需求的国家;第二,英国是否能不断增强自己国家民族的创造力和成就而逐渐被世界所认同;第三,文化委员会的存在是否开拓了年轻人的国际视野;第四,英国是否蓬勃发展,经过社会变革,能否提供更多机遇;第五,英国与其他国家的高质量的联系是否增加。通过这些具体的指标,可以衡量英国文化委员会对每一方面的贡献和结果(董学峰,2016)。

有些学者提出孔子学院的评估体系分为三大模块:孔子学院公信度评估模块、孔子学院绩效评估模块和孔子学院组织能力评估模块。每一大模块下又有若干小模块,每一小模块下还有若干的具体模块。每一模块各有其权重,权重大小反映指标所涵盖内容的重要程度,这些内容包括:办学规模、教学质量、管理机制、经费及办学效益等(田中秀明,2011)。但这一评估体系没有对教学效果如何反馈教学和传播中华文化等方面进行评估,于是有些学者提出一套评价指标体系,根据明确具体、可衡量、导向性、切实可行和时间资源限制的原则,建立了包括办学指导思想、和谐程度、管理机制、办学条件、影响力、汉语教学情况、文化推介活动情况、运营状况、获奖情况、负面影响等在内的涵盖 10 个一级指标、52 个二级指标的指标体系(吴才天子,2016;吴应辉,2011)。

对于法语联盟的评估,则是由法国外交部和法盟基金会共同制定了一个质量评估体系。该体系包括教学和教学法、资料中心、公关、市场和客户关系、人力资源、财务管理、场地、文化活动、管理这 9 个方面,对法语联盟实际运营情况进行评估(刘殊,2019);而对歌德学院的绩效评价主要是衡量外国分院的实际情况,主要分为三个标准:第一,是否实现德国外交部委托歌德学院的主要任务;第二,开拓青年人的国际视野;第三,德国与其他国家联系的增加(刘巍和高艳蓉,2010)。

第三章
国际语言教育机构的比较研究

第一节　国际语言教育机构运营模式的比较分析

英国文化委员会采取与英国外交机构紧密结合的运营模式,重视活动内容的多样性、丰富性、文化性,力求全方位展现英国国家形象和多元文化。设立模式是与英国驻外使领馆的文化教育处合署办公,承担公共外交、人文外交功能,被认为是"英国公共外交最重要的组成部分"(曹叠峰,2014)。为提高社会活动的针对性,英国文化委员会通常将受众分为三类:高层决策者和领导、专业群体和学术权威、广泛的公众群体。对于第一类人群,项目重点在于争取获得他们的资源,为英国文化委员会提供更多更大的平台;对于第二类人群,则关注于将其转化为合作伙伴;对于第三类人群,则注重扩大数量和规模。

法语联盟采取"连锁加盟"模式,总部按统一标准授权加盟,各国本土机构独立办学、自负盈亏。在世界其他地区,法语联盟普遍以协会形式存在。在中国,法语联盟的办学方式是与大学合作。各国法语联盟分校系本土教育培训或其他类型的机构,通过总部或总部委托机构评估同意加盟后,即开始独立经营、自负盈亏办学。这种办学模式一方面充分调动了他们开展教学和文化活动的积极性、主动性,但另一方面又经常使教学和活动的质量难以得到切实保证。为此,总部通过国家和地区代表处,以"管理输出"的方式,特别是派出分校校长的方式来支持各分校的发展,同时开展年度性评估。

歌德学院采用海外直营模式,即在海外直接设立办学机构,注重目标管理和发展外部伙伴关系。歌德学院海外分支机构大都直接在总部(或区域总院)的指导、监督和管理之下,在各国直接投资办学,因地制宜独立开展语言培训、学术交流与文化推广活动。歌德学院办学秉承德国文化中规范、严谨和讲求秩序的特点,实现过程监督、目标管理。总部与联邦外交部通过总协定确定整体指导方针,董事会将此方针分解成 5 年战略目标,经年度会议讨论后,分解成区域和部门的战略目标,然后再在更广泛的部门层面上一起讨论商定。

孔子学院充分适应各国特点和本地实际需要,以外国大学为主要依托,以融入外国举办机构"内生式发展"为主要策略,充分借助各国大学的资源实现自身发展。中外合作办学是孔子学院运营模式最突出、最本质的特征,这种模式有效缓解中方"走出去"经验不足、资金不够的困难,更为重要的是,使孔子学院的课程和活动迅速融入大学和当地社会等,这是在海外独立办学难以达到的。孔子学院是三方(外国承办孔子学院的大学、孔子学院总部/国家汉办、中国合作大学)协商设立、管理的教育机构,它不仅满足了外国大学师生和当地民众学习汉语、了解中国文化的需要,同时有效地提升了外国举办大学服务当地社会能力。中方合作大学通过孔子学院推动学校国际化,锻炼骨干人员队伍,培养学生国际化素质。但也有学者指出,孔子学院在教育主权方面存在"让步",如何通过"让步"获得中外之间的信任是确保孔子学院运营模式有效性的重要方面。

表 3.1 英、法、德、中国际教育机构运营模式比较

机构	英国文化委员会	法语联盟	歌德学院	孔子学院
模式特点	与英国外交机构紧密结合	"连锁加盟"	海外直营	中外合作
模式内容	与英国驻外使领馆的文化教育处合署办公,承担公共外交、人文外交功能	各国法语联盟分校系本土教育培训或其他类型的机构,通过总部或总部委托机构评估同意加盟后,即开始独立经营、自负盈亏办学	歌德学院海外分支机构大都直接在总部的指导、监督和管理之下,在各国直接投资办学,因地制宜独立开展语言培训、文化推广活动	孔子学院充分适应各国特点和本地实际需要,以外国大学为主要依托,以融入外国举办机构"内生式发展"为主要策略

第二节　国际语言教育机构资金收入来源的比较分析

英国文化委员会资金来源主要包括政府资助和自身经营收入两大部分。它每年都可以争取到大量的政府财政资金支持。英国外交和联邦事务部、海外发展署等政府机构每年都会向英国文化委员会拨款,另有很大部分资金来自自身经营活动和服务,如项目管理、各种培训、英语教学课程和英语考试。近几年,由于受国际金融危机和英国经济下行影响,来自政府的拨款有所减少,但自身经营收入呈逐年增加态势。

法语联盟资金来源主要分为 3 部分:政府的资金支持、企业或基金会的赞助、自身教学和文化活动的收入。政府资金包括教育部、外交部的财政补贴,但仅占法语联盟预算的很小一部分。总部对分布在各国的代表处有直接的资金投入,并派出管理人员,但一般不对各分校给予资金投入。总部根据各分校需要主要负责管理输出和质量监控,派出校长和管理人员,并负责其工资。法语联盟和很多世界知名企业保持良好的合作互动关系,企业和基金会赞助是其重要的资金来源。丰富高质量的法国文化活动,特别是现代艺术方面的活动,为其赢得了社会各界"眼球"和众多企业和机构的支持。法语联盟各分校具有较强的创收能力,学费等收入是其运营经费的绝大部分来源。

歌德学院主张多渠道的资金来源,德国国内分院自负盈亏,主要收入是通过提供语言班课程、考试及远程教学服务获得的;国外分院主要通过外交部的财政拨款得以维持,也通过办培训班和公司捐助方式筹集资金来弥补财政不足,国外分院收支基本持平(刘丽平,蒋鑫鑫,2011)。德国外交部通过控制歌德学院的资金来控制歌德学院执行政策的忠实程度,歌德学院财政来源是否多渠道、是否稳定直接决定了个别歌德学院分院的存亡。

孔子学院总部为每家新成立的孔子学院提供 5 万—10 万美元的启动经费,汇至外方合作机构在当地中国银行为孔子学院开设的专门账户。外方机构提供适合的办学场所,配备必备的办公设备并负责安装、管理和维护,还须为孔子学院配备必要的行政人员,并负担相关费用。孔子学院的运营经费由双方共同筹措,最终将通过孔子学院项目的实施和授课的收入实现自负盈亏。年度项目经费由外方承办单位和中方共同筹措,双方承担比例为1∶1。少数孔子学院有明确的市场经营理念,有强烈的盈亏意识,其教学项目和文化推广活动大多以市场需求为导向,其教学项目一般为收费项目,文化推广活动中的相当一部分项目也收费。

表 3.2　英、法、德、中国际教育机构资金收入来源

机构	英国文化委员会	法语联盟	歌德学院	孔子学院
主要来源	政府资助、自身经营收入	政府的资金支持、企业或基金会的赞助、自身教学和文化活动的收入	外交部的财政拨款、语言课程教学服务及考试费用、公司捐助	由外方承办单位和中方共同筹措,承担比例为1∶1
趋势	来自政府的拨款有所减少,自身经营收入呈逐年增加态势	企业和基金会赞助是其重要的资金来源、学费等收入是其运营经费的绝大部分来源	歌德学院财政来源是否多渠道、是否稳定直接决定了个别歌德学院分院的存亡	有明确的市场经营理念,有强烈的盈亏意识,以市场需求为导向

第三节　国际语言教育机构经费管理方法的比较研究

英国文化委员会在经费开支上必须遵守一些基本的原则,包括公认的会计原则以及财政部惯常的操作程序等等,努力实现开支与业绩的最优化。与此同时,来自政府的合作项目均有竞争,政府公共开支项目原则上都应采取公开招标的形式,以符合 WTO 相关的公共采购制度。该委员会自身也有一套内部审计制度,以预防欺骗和盗窃事件的发生,一旦发生违规之后也有相应的处理机制。对于非政府资助款项,英国文化委员会拥有一定的自主权,但也要求提交相应的商业风险报告。

法语联盟章程规定,法语联盟由理事会进行管理。理事会由会员代表大会选举产生,确定各类会员会费数额,讨论法语联盟预算,制定教学方针和机构发展计

划。理事会主席及执行局由理事会选举产生(关晓红,2015)。巴黎法语联盟总部理事会理事主要由法国人和小部分国外分支机构的理事会主席担任,任期5年,每年改选五分之一成员,执行局则由主席、副主席、秘书长和财务总监组成。理事会成员大多不领取报酬,主要来自外交、高等教育商业和艺术领域,在筹集赞助资金方面具有较大的身份优势。

歌德学院虽然国家投入经费很多,但是专款专用,经费管理非常严密。德国的联邦、州、地方都有文化委员会。委员会由各个党派的人士组成,他们会决定哪个文化机构得到多少钱,花出去的钱要做报告,经过检查和审计看其是不是在合理使用(吴建义,2014)。联邦政府还有一个专门的检查资金使用的审计机构,虽然这带来了很多烦琐的工作,每月、每季度、半年乃至全年每一张单据都要审查,对任何一笔经费的使用都要报告,对每个项目也要进行审计,但是资金非常安全,使用也很到位。

孔子学院在经费管理上建立了严格的财务制度及审核、汇报程序,强调财务管理的多方制衡是保障。财务审核制度应包括预决算制度、第三方审计制度以及定期评估制度(吴应辉,2011)。孔子学院财务账户专门设置,专款专用,资金使用需严格按照规章制度进行,同时定期进行汇报;建议所在学校每两年召开一次全会,由税收会计师进行审计,并向理事会汇报,同时也会请第三方进行审计;建议增加沟通、建立互信,提高资金利用率及使用的灵活性,切实加强中外合作院校校级领导间的交流,增加孔子学院奖学金资助比例。要根据孔子学院的特色来制定经费管理模式,建议在严格遵守资金使用制度的基础上,建立战略基金,来提高孔子学院经费使用的灵活性。

表3.3 英、法、德、中经费管理方法比较

机构	英国文化委员会	法语联盟	歌德学院	孔子学院
管理原则	公认会计原则以及财政部惯常的操作程序	由会员代表大会选举产生理事会进行管理	专款专用,不入市场,严格审计	严格的财务制度及审核、汇报程序,多方制衡
具体方法	政府公共开支项目采取公开招标的形式,有一套内部审计制度及惩罚机制	确定各类会员会费数额,讨论法语联盟预算,制定教学方针和机构发展计划	联邦、州、地方都有文化委员会及专门的检查资金使用的审计机构	预决算制度、第三方审计制度以及定期评估制度,根据孔子学院的特色来制定经费管理模式

第四节　××市法语联盟的机构设置和财务管理案例分析

法语联盟创立于 1883 年,是致力于传播法语语言及文化、不以营利为目的的文化教育机构。法语联盟的创建者包括凡尔纳、巴斯德等文化名流。历任法国总统都自动成为法语联盟董事会的名誉主席,现任主席为埃马纽埃尔·马克龙。法语联盟网络遍布全球 132 个国家,设有 834 所分校,是法国政府支持的官方法语培训机构,在中国 18 个城市都设有分校。

一、××市法语联盟的机构设置

××市法语联盟成立于 2001 年,由巴黎法语联盟基金会与××师范大学合作创办,是法国驻华大使馆、法国驻上海总领事馆、法国高等教育署、魁北克省移民局、法国巴黎工商会唯一特许官方语言合作伙伴,其全称为××师范大学法语联盟。

××市法语联盟的外方校长由基金会从法国挑选任命,并服从法国驻北京大使馆的领导。外方校长全权负责××市法语联盟的所有事务,××师范大学国际教育处领导担任中方校长,一般不介入法语联盟的内部管理,主要职责是负责为外方教师办理来华执教的教师许可证等。

法方校长主要领导四大主管:行政主管、教学主管、市场部主管(兼资料中心主任)、文化主管。四大主管下辖若干员工。

(1) 行政主管下辖:财务经理和办公室行政人员,一般为 2—3 人,均为中国人;

(2) 教学主管下辖:各类授课的语言教师,均从法国国内挑选具有语言类硕士以上学历且有教师资格证书的正式教师,教师大多数为法国人、瑞士人或少量的法国留学生等,一般为 15 人左右,均比较敬业;

(3) 市场部主管下辖:公务联系和接待人员及图书管理人员,约 4—5 人,均为

中国人;

(4) 文化主管下辖:宣传交流人员,负责策划活动内容并对接各大场馆安排日程等,一般为 2—3 人,均为中国人。

××市法语联盟员工总数约为 25 人。

二、××市法语联盟的教学内容

××市法语联盟的教学内容主要分为四大类:

(一) 各种形式的法语课程培训

有针对不同类型、不同年龄、不同职业和不同层次的法语培训,也是××市法语联盟的主要收入来源,每年这部分的收入约人民币 500 万元;

(二) 留学语言类考试(DELF-DALF 法语学习文凭)

DELF 是针对想去法国留学的中国学生的法语资格考试。DELF 包括四个独立文凭:A1、A2、B1、B2,分别对应欧洲语言共同参考框架(CECRL)中的前四个级别。DALF 法语深入学习文凭包括两个独立文凭:C1、C2,分别对应欧洲语言共同参考框架(CECRL)中的两个最高级别。DELF-DALF 每项文凭评估 4 种语言能力:听力理解、口头表达、阅读理解、书面表达,是专为非法语国家人士而设的国家级法语认证文凭,于 1985 年 5 月由法国教育部创立,并由设在国际教育研究中心(CIEP)的 DELF/DALF 国家委员会负责考试的行政和教育管理。DELF/DALF 考试制度根据欧洲统一语言参考框架设定,能科学地衡量和反映考生的实际水平。在中国,DELF-DALF 考试是由教育部考试中心、法国大使馆、法国教育部教学国际中心、法语联盟共同举办。DELF-DALF 各级别文凭完全独立并且终身有效。不论是希望了解自己的法语水平还是希望获得法语语言水平证书,任何人均可报名参加此考试。获得 DALF 文凭的外国学生在申请法国大学时可免除其他法语水平测试。一般而言,申请法国公立大学本科须提供 DELF B2 或以上文凭,申请研究生则须具备 C1 或以上水平。

××市法语联盟每年这部分的收入约为人民币 70 万元。

（三）移民类语言考试

针对移民法国的中国人开展的语言类考试,每年这部分的收入约人民币 30 万元。

（四）各类丰富多彩的活动等其他临时性活动

如钢琴音乐会、各类电影、戏剧、书画、法式面包烘焙活动、巧克力制作活动、学习经验传授等,这类活动一般不收费,以调动人气、激发学员学习法语的热情等为主,这类活动的场地租金等往往有赞助商支持,但也需要××市法语联盟支出一定的费用。

三、××市法语联盟的财务管理和收支情况

（一）××市法语联盟的财务管理

××市法语联盟是自主经营、自负盈亏的教育培训机构,财务账户为××师范大学的校内账户,账户项目为受托代理负债/学会(协会)会费/业务费/其他费用等。由于是校内账户,不涉及发票税收和税务检查等事宜。

在经费管理方面,××市法语联盟属于非独立核算,不需填写资产负债表和损益表,日常记载 Excel 形式的流水账,只需要向法语联盟北京总部汇报全年的收支状况,文化活动都是总部按照每年的计划统一安排,活动费用分摊。

××市法语联盟的收入分两大部分,DELF-DALF 法语学习文凭考试费部分主要由教育部收取,再分别按比例拨付给合作办学的大学和各个法语联盟;另一部分则由××市法语联盟自己安排的各类教学培训的课时费及移民考试费构成。

（二）收支情况

收入:2018 年××市法语联盟全年培训和参加考试学员人数约 800 人,人均学费收入为人民币 8 000 元,全年总收入约人民币 620 万元,以往××市法语联盟或有每年 10 万元左右的企业赞助资金,但近年来由于经济不景气,赞助改为以教学书籍的形式赞助。法方校长的工资由大使馆支付,但由于近来法国经济不太景

气,法方校长的工资一半由大使馆支付,另一半由××市法语联盟支付。

支出:××市法语联盟占地约 600 m²,全年支出约 500 万元,其中工资 310 万元,其他支出主要是开展文化活动及房租水电等办公费,每年能盈利约 100 余万元,留存在账户上。

第五节　企事业单位财政经费支出绩效评价存在的主要问题

目前,我国很多地区开展了企事业单位财政经费支出绩效评价管理工作,也取得了长足的进步,但还存在五大方面的问题:

一、企事业单位财政经费支出绩效评价缺乏顶层规划设计和统筹协调机制

企事业单位财政经费支出绩效评价涉及方方面面的工作领域,涵盖的事项纷繁复杂、包罗万象,牵涉到诸多的企事业单位,是一项复杂的系统工程。而当前的绩效评价任务主要是由财政部门来主导,往往权威性、公信力和认同感不够,因此,需要由当地党政的主要负责领导统领主抓,由财政部门承担具体执行任务,被评价方无条件配合,方能确保绩效评价工作政令畅通、有条不紊地推进。同时,绩效评价工作整体一盘棋思想的贯彻落实、具体评价工作推进的轻重缓急、主次顺序、有所为有所不为、有所先为有所后为等系统性工作流程也需要进一步提升。

二、企事业单位财政经费支出绩效评价的标准化、规范化和法制化建设滞后

目前各地企事业单位财政经费支出的绩效评价尚存在各自为政、闭门造车的弊端,承担绩效评价的第三方中介机构的水平和评价报告书质量往往良莠不齐,并没有出台一整套科学的、可操作的评价技术标准,没有形成一套规范化的科学评价流程,没有制定出科学合理的评价模型方法,没有建立起客观有效的较为成型的评价指标体系,更没有建立起一套翔实可靠的案例资料数据库,尚未形成严格的事

前、事中和事后的监管制度,无法完全消除绩效评价的"委托-代理关系"中可能存在的道德风险及滋生腐败的土壤。

三、对企事业单位财政经费支出绩效评价的结果缺乏监督问责机制,约束力和惩戒力有待强化

在现实中,企事业单位财政经费支出绩效评价结果往往作为各有关部门项目建设档案保存,或作为有关部门加强新上项目管理的借鉴或参考,往往对考核结果不了了之,对被评价部门及相关责任人缺乏有效的惩戒手段,缺乏约束力和惩罚力的绩效评价久而久之就会失去威慑力,直接影响企事业单位工作"好差评"制度的贯彻落实,也容易导致绩效评价工作流于形式。在评价过程中,"做老好人、怕得罪人"的思想也会导致绩效评价中针对问题往往会蜻蜓点水、大事化小、小事化了,不利于企事业单位工作的对标找差、迎刃而解。

四、对企事业单位财政经费支出绩效评价的结果缺乏监督问责机制,约束力和惩戒力有待强化

现行的企事业单位财政经费支出绩效评价往往更倾向于从微观层面上评价资金使用合规性等外生指标,这与一般意义上的财务审计差异不大,而对于环保治理、提升群众满意度和提高政府部门主观能动性、加强工作效能等内生性指标偏少偏弱,会在一定程度上模糊了绩效评价与财务审计的差异性,也会降低绩效评价对标找差、奖勤罚懒、提质增效、激发潜能的作用。

五、企事业单位财政经费支出绩效评价的信息完整性、精准度及精益化程度尚待进一步提升

企事业单位财政经费支出绩效评价存在信息采集和提供不够完整、透明的弱点,如支出资金项目不够精细、数据台账等资料过于笼统或缺失、信息采集工作不够精准、信息加工处理手段精益化程度不高等。此外,信息不对称或失真,也会加大信息收集、甄别和处理的难度,会影响绩效评价结果的客观性、科学性和公正性。

第四章
孔子学院绩效评价研究的流程

本章所涉及的绩效评价研究流程是由本团队经过广泛收集文献资料,并归纳整理后形成的一整套成熟的经验做法,广泛应用于本团队承担的各类企事业单位绩效评价研究课题中。

第一节　孔子学院绩效评价的目标

一、经济性、效率性与效果性相统一

如果一项经济活动既体现经济性,又具有效率性,实现效益最大化,则基本上达到了预算绩效的目标。教育经费在教学、科研、管理上的投入与使用是一个综合指标体系的考量,包括预算编制、执行情况及决算后的效果,都要围绕教育教学活动这个中心,着重强调资源配置使用效率和办学效益,并从经济活动的各环节入手,对高校各部门进行预算使用事前、事中和事后的全过程监督,为提高高校绩效提出合理性意见和可行性建议。经济性、效率性与效果性相统一,是绩效预算审计评价的刚性要求。从孔子学院管理效益分析,预算绩效审计评价可以在管理责任、管理服务水平上实现经济效益和社会效益的有机统一,实现学校可持续发展。由此看来,对预算绩效进行系统考评,是提高教育经费使用效率、促进教育事业健康发展的重要手段。

二、建立与"一带一路"相关国家和地区的有机互动

"一带一路"倡议旨在与沿线国家建立"拥有共同命运归属感与文化共性的朋

友"关系,而人类命运共同体理念则是"一带一路"倡议和孔子学院发展的精神基础与传播内涵,孔子学院作为沟通中国与世界其他国家和地区的心灵之桥,则在推动"一带一路"与人类命运共同体构建过程中扮演着促进民心相通的桥梁角色。孔子学院的发展实践已经证明,汉语国际传播与中外文化交流始终伴随着矛盾和冲突,只有披荆斩棘,方能阡陌相通;只有坦诚交流,才能同一律动。孔子学院正通过发挥自身的汉语教育、文化交流、民间外交、信息互通等多重优势,一步步改善着"一带一路"前行途中的"硬环境"和"软环境",且步步融冰化雪,步步播种绽绿,形成了与"一带一路"建设有机互动的生动局面,推动中国和沿线国家文化和谐共存、共兴共荣。

三、促进进出口贸易的发展

沟通问题一直是不同国家进行贸易的最大障碍,尤其是在商贸谈判中,语言的作用就显得更为重要,多位学者的研究表明语言和贸易之间具有相辅相成的关系,语言沟通的顺畅可以有效降低两国之间的贸易成本,促进经贸往来。文化沟通也是同样道理,当两国之间进行密切的文化沟通时,可以减少国与国之间的隔阂,增进交流、信任和共识,进而降低贸易中的交易成本,促进两国之间的贸易和经济往来。首先,共同的语言环境降低了交易的成本,为贸易的进行创造了可行性;其次,对外直接投资是一种长期投资活动,需要更多的沟通和信任,孔子学院的建立可以有效提升两国人民之间的信任关系,提升中国对外直接投资的进行;再次,语言的传播增进了中国和世界的了解,推高了世界人民了解中国的热情,随着孔子学院的发展,中国和世界其他国家和地区的贸易不断发展,进入中国旅游的外国人也不断增加。

第二节　孔子学院绩效评价的原则

孔子学院经费评价指标体系的建立必须有明确的指导思想和评估目的。通过评价深入了解孔子学院的财务情况,促使合作各方重视和支持孔子财务管理工作。在努力改善办学条件、提高教学质量、扩大办学规模的同时,优化孔子学院的经费管理工作,实现孔子学院的长期可持续发展。孔子学院是非营利组织,但是,非营利机构也是需要经营并通过经营来收回成本并争取盈余的,只不过其盈余不能作为营利分配到个人。因此,此次指标构建除了要遵循一些基本原则,还要考虑到孔子学院的特殊性。综合来看,评价指标体系的建立必须遵循以下原则:

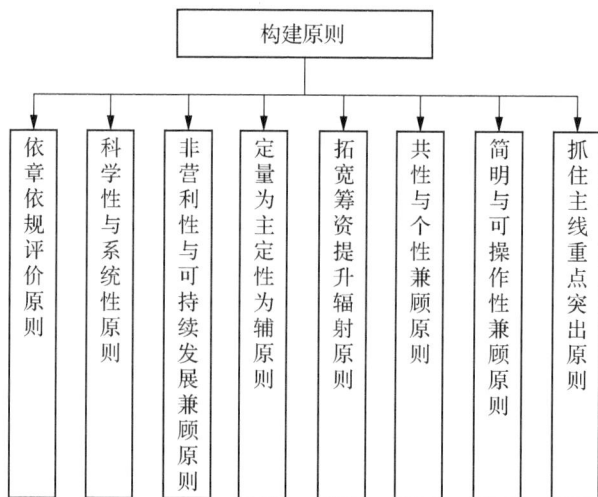

图4.1 孔子学院绩效评价指标构建原则

一、依章依规评价原则

孔子学院经费管理绩效评价指标体系应遵循《孔子学院总部资金管理办法》规定的主要原则,应以《孔子学院总部资金管理办法》为依据,要充分体现《孔子学院总部资金管理办法》的各项要求。

二、科学性与系统性原则

评价指标体系应力求科学、系统,各项指标之间权重合理并能充分体现孔子学院的经费管理。同时,应全面反映孔子学院的基本办学条件、办学规模和经营状况。

三、非营利性与可持续发展兼顾原则

孔子学院是非营利组织,但非营利机构并不等于非经营机构。在经济学和法学文献中,非营利机构概念的核心是不分配约束原则,即非营利机构不能给它的任何控制人分配利润。但是,非营利机构也是需要经营并通过经营来收回成本并争取盈余的,只不过其盈余不能作为营利分配到个人罢了。因此,孔子学院虽为非营利机构,但一定要经营好。此外,汉语国际传播是一项长远的事业,不能急功近利,必须把长期可持续发展能力作为评估的重要指标。因此,评价指标体系应能充分反映孔子学院的可持续办学能力。

四、定量为主定性为辅原则

评价应定性与定量相结合,但为了客观反映各孔子学院的经营状况,要尽可能用事实说话,用数据说明问题,所以,评价指标体系的制定要充分体现定量为主的原则。

五、拓宽筹资提升辐射原则

评价指标体系既要客观反映孔子学院财务管理的全面情况,同时还要注意对孔子学院可持续发展具有重要影响的因素给予较大倾斜,以鼓励各孔子学院积极拓宽筹资渠道,扩大办学规模,提高教学质量,提升辐射影响力。

六、共性与个性兼顾原则

评价指标体系应涵盖全球孔子学院的共性特点,但由于国情文化的巨大差异性,世界各地孔子学院往往呈现出鲜明的个性特征,因此,评价指标体系要同时兼顾共性和个性问题,对具有独特个性的孔子学院办学经费管理项目设立开放指标,给予加分。

七、简明与可操作性兼顾原则

评价指标体系要充分考虑孔子学院提交材料的方便,同时便于定量计分,不宜太细太繁,要充分体现简明和可操作性原则。

八、抓住主线重点突出原则

孔子学院经费管理工作纷繁复杂,评价不可能面面俱到,必须抓住主线,突出重点,把握关键。

第三节 孔子学院绩效评价的流程

孔子学院绩效评价是一个科学、系统的有机整体,由各个相互联系的环节衔接而成,主要包括拟定实施计划、评价指标体系设计、评价方法选定、绩效评价和撰写评价报告5个部分,一般应遵循如下评价流程:

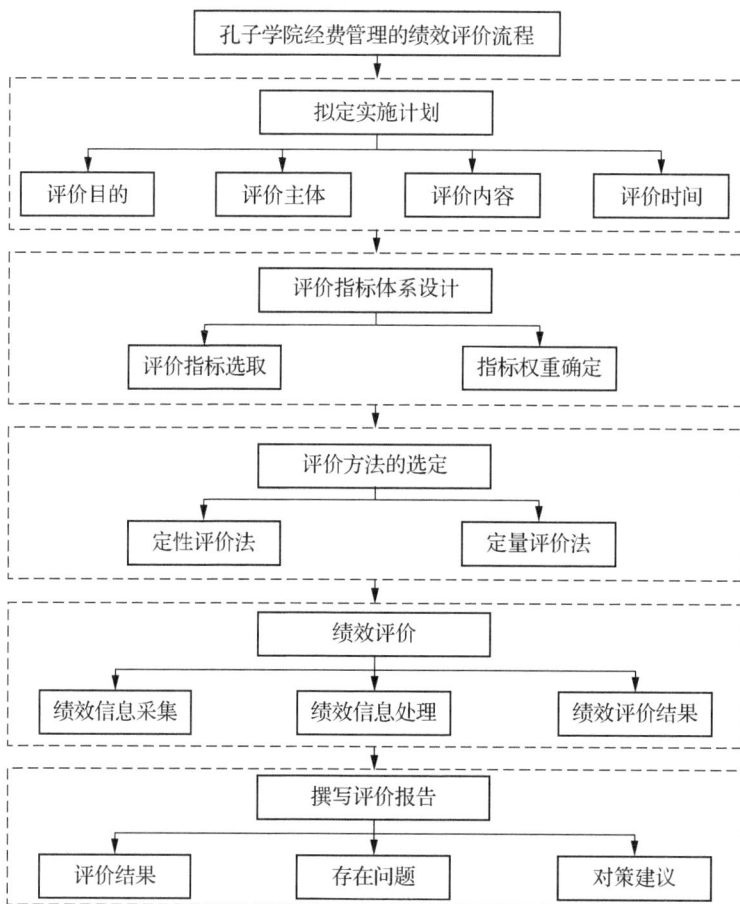

图 4.2 孔子学院绩效评价流程

一、拟定实施计划

孔子学院绩效评价是一项系统工程,为保证绩效评价顺利展开,评价前需要在周密的调查研究和论证的基础上拟定评价实施计划。计划所包含的主要内容可以概括为"4W",也就是明确目的,即回答为什么要评价(why);明确评价主体,即回答谁去评价(who);明确评价的对象和内容,即回答评价什么(what);明确评价时间(when),即确定展开绩效评价工作的时间节点。

二、评价指标体系设计

评价指标是根据绩效评价工作的有关要求,按照一定的原则和标准,为衡量绩效水平而形成的一个评价工具,它是衡量孔子学院绩效的标杆。评价指标体系是绩效评价的核心,是绩效评价目标的具体化,它的科学性和合理性决定了评价活动的质量和公信力。孔子学院的内容多样,目标多元,决定了评价指标体系的复杂性。

评价指标是绩效评价工作的有力工具。绩效这一概念较为抽象,仅用文字进行表述必定流于主观。要使孔子学院的绩效具备可比性,必须以量化的指标进行衡量。评价指标对孔子学院绩效管理具有明显的导向作用。从绩效管理角度来说,绩效评价指标可以视为其目标,能引导管理行为的指向。它通过引导管理和使用单位的工作方向来提高其绩效水平。如果评价指标欠缺科学性、合理性,将导致管理工作南辕北辙,影响预定绩效目标的达成。

评价指标作为衡量孔子学院绩效的工具,必须具有稳定性和权威性,这样才能有效抑制评价主体指标选取的随意性,有力保证有关工作的公平公正,法制化则是保证评价指标稳定性和权威性的最有力措施。

孔子学院绩效评价的科学性很大程度上取决于评价指标体系是否科学合理。科学的绩效评价指标体系需要遵循系统性、可操作性、可比性等原则加以设计。评价指标体系的设计应注意将不同指标进行有机结合:一是主客观指标的结合;二是数量、质量指标的结合;三是内外部指标的结合;四是正向负向指标的结合;五是行政成本指标与业务成本指标相结合;六是工作指标与业绩指标相结合;七是个体、团体指标相结合。

没有重点的绩效评价不能算是客观的评价,因此应赋予评价指标权重。指标权重表示的是对某一指标在指标体系中的重要程度的定量分配。权重越大,该指标越重要,在其他指标不变的情况下,对评价结果的影响就越大。指标体系包含多层级、多个指标,每一层级、每一指标都被赋予了相应权重。这样就形成了与评价指标对应的指标权重。

指标权重的功能主要体现在以下两个方面:一是指标权重体现了评价主体的意志。评价主体对每个评价指标的重视程度并非等同的,存在轻重缓急之分。越是受重视的指标,其权重自然越大,反之亦然。评价主体对评价指标的重要性的认识通过指标权重反映出来,直接影响绩效评价的结果。二是指标权重具有调节功能。孔子学院的绩效水平受经济政策、财政体制、法律环境、公众满意等各种因素不同程度的影响。通过对不同评价指标赋予不同的权重,可以对指标的贡献力进行有效调节,进而客观地反映评价客体的真实绩效水平。

指标权重的设计关系到评价指标体系的科学合理性,在设计指标权重时,应遵循以下原则:一是系统优化原则。指标体系中的每个评价指标都有其存在的合理性,每一个指标权重的赋予,都会对其他指标的权重产生影响。因此,在设计指标权重时,不能从单个指标出发,而要从整体上进行考虑,遵循系统优化的原则协调好各个评价指标之间的关系,努力做到整体优化。鉴于此,在设计指标权重时,需要分析、比较、权衡各个评价指标的重要性,既不能平均分配权重,也不能片面强调某些评价指标的重要性。二是评价主体主观意图与客观实际相融合原则。一方面,评价主体不可避免地会把自身的主观意图反映在指标权重中,以对孔子学院的管理和使用行为进行引导。但评价主体的主观意图难免存在偏差,并非总是符合客观实际,以至于影响了指标权重的科学性、客观性。所以,在指标权重的确定过程中,一定要注意主观意图与客观实际的平衡。三是个人意志与集体意见相结合的原则。指标权重是设计者的定性判断的量化,易受价值观、教育背景、行业经历、工作态度等主客观因素的影响,具有明显的个体差异性。这就决定了指标权重的设计需要通过德尔菲法等专业方法进行群体决策。

评价指标和对应指标权重共同构成了孔子学院绩效评价的指标体系,这是整个评价流程的核心内容,为后续孔子学院绩效评价的实施奠定了基础。

三、评价方法的选定

确定指标体系后,需要选择与之对应的评价技术方法。总的来说,绩效评价的方法分为定性和定量两种。定性的评价方法一般以调查问卷为载体,采用主观评分的方法,对那些不具有量化数据特征的绩效指标进行量化的分数评价。定量的评价方法一般运用应用数学、统计学等学科技能,对孔子学院的绩效进行统计分析,用数字来评价具体指标的绩效水平。其主要方法有成分分析法、数据包络分析法、模糊数学分析法等。需要注意的是,实践证明即使是基于同样的评价数据和指标,采用的评价方法不同,得出的绩效结果也可能会有明显差异。因此,选择评价方法时一定要注意与评价指标体系的适配性。

四、绩效评价

首先,要对评价对象的绩效信息进行采集,绩效信息的质量直接影响绩效评价的质量。官方公布的统计年鉴、统计公报、研究机构的研究成果与调查报告是绩效信息的主要来源。收集绩效信息的方主要有访谈法、实地调研法和问卷调查法等。对绩效信息的收集来说,必须有针对性地立足绩效评价目的和评价指标体系有序展开,及时甄别、剔除无效信息,以免信息混乱和信息污染。在信息的处理过程中,要严守中立,不能将处理者的主观意志施加到绩效信息上,严禁为了得到一定的绩效评价结果而篡改、伪造绩效信息。得到可靠并处理完善的绩效信息后,便可以根据之前确定的指标体系和评价方法对孔子学院绩效进行评价,最终得出绩效评价结果。

五、撰写绩效评价报告

绩效评价报告应以中立、客观的态度说明以下主要内容:一是简要说明绩效评价的背景、目的及依据;二是阐述绩效评价技术体系及评价过程;三是分析绩效评价结果,总结经验得失,分析问题存在的原因,并提出具有针对性的对策建议。

第四节　孔子学院绩效评价的管理优化研究

同其他的机构和团体相比,孔子学院具有自己的特点,因而在设计其绩效考核指标时,需要结合其自身特点,量身打造适合孔子学院特点的绩效评估。通过与其他组织的绩效评估的比较,孔子学院的绩效评估存在以下的特点:汉语教学为主的鲜明导向、非营利与可持续发展相结合、评估主体多元。所谓事前加快建成全方位、全过程、全覆盖的孔子学院绩效评价管理体系,以着力提高孔子学院资金的配置效率和使用效益,改变资金分配的固化格局,提高孔子学院资金的管理水平和活动实施效果,并对孔子学院资金在事前、事中及事后提出管理优化的方法。

一、孔子学院事前绩效的管理优化

(一) 孔子学院资金分配理念要转变

在资金预算管理环节,根据各项目申请资金的绩效进行管理,谁的绩效高就分配给谁,遏制乱要钱、乱花钱的不良风气,通过项目优先顺序的排序,保障资金支出的高效性。另外一方面,孔子学院事前资金分配,既要聚焦解决当前最紧迫问题,又着眼健全长效机制;既关注预算资金的直接产出和效果,又关注宏观政策目标的实现程度;既关注新出台政策、项目的科学性和精准度,又兼顾延续政策、项目的必要性和有效性。

(二) 孔子学院资金分配权力要改变

孔子学院应放弃资金分配上的"自由裁量权",将权力交给专家,并且严格按流程规则办事。孔子学院领导应勇于摒弃过去那种依靠个人喜好、凭关系分配支出的方式和习惯,以改革超前的意识,促进政府部门资金支出的程序化、规则化、科学化和制度化。

（三）孔子学院资金项目要突出重点

当前，孔子学院的资金分配上存在对一些重要项目支出不够突出、不够稳定的问题，另一方面，孔子学院项目的立项要结合预算评审、项目审批等，对新出台重大政策、项目开展事前绩效评价，重点论证立项的必要性、投入经济性、绩效目标和合理性、实施方案可行性、筹资合规性及执行风险等。要聚焦提升覆盖面广、关注度高、持续时间长的重大项目的实施效果。

二、孔子学院事中绩效的管理优化

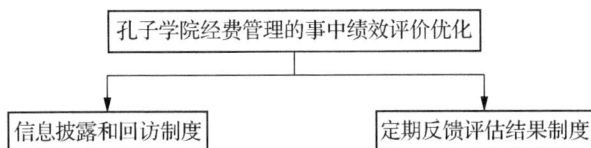

图 4.3　孔子学院事前绩效的管理优化

（一）完善孔子学院事中绩效信息披露和回访制度

目前，大部分孔子学院没有实行公开透明的信息披露，存在信息不对称问题。在孔子学院绩效管理中发现的问题和建议要及时反馈给国家汉办总部，并督促落实整改意见，强化绩效评价工作的约束性，尤其对资金使用较差的单位，要进行回访，了解情况，破解难题，推动学院的工作，改进工作方式和方法。

（二）孔子学院事中需建立定期反馈评估结果制度

定期反馈一方面可以使总部实时掌握孔子学院效率情况，另一方面对于不理想结果的反馈，总部可以及时发现问题并结合理论和实际情况来解决问题，最终促使孔子学院由"拍脑袋"式的决策转向务实、有效的科学决策，进而达到提高财政支出效率的目的。孔子学院资金事中绩效评估要从数量、质量、实效、成本、效益等方面，综合衡量政策和项目预算资金的使用效果。

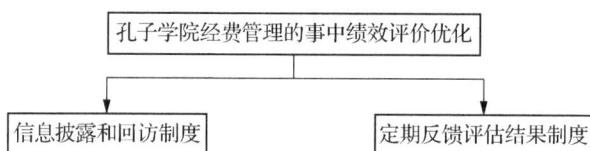

图 4.4 孔子学院事中绩效的管理优化

三、部门整体支出绩效的事后管理优化

（一）孔子学院绩效评价结果应该具有实效性

一方面,对过去孔子学院绩效评价所得到的结论,是可以作为未来同类孔子学院绩效规划依据的,因为任何领域的发生发展都有规律性的趋势。绩效评价的历史数据是未来孔子学院支出成本和效率的一个重要的判据,也是未来各项项目决策的依据。另一方面,完善孔子学院绩效管理成果应用力度,将绩效评价结果与新政策和项目的设立挂钩,将绩效目标与预算编制挂钩,将绩效运行监控情况与财政资金执行调整挂钩,将绩效评价结果与预算安排挂钩。

（二）孔子学院需建立健全事后过错责任追究制度

按照"谁决策、谁负责"的原则,任何部门的失职或渎职的违法行为都应当承担相应的法律责任,做到"支出要有效,无效必问责";明确过错责任追究范围、追究程序、追究方式等;建立支出过程可到倒查、效益可查询、责任可追究的追溯机制。对于存在严重问题的政策、项目要及时调整、暂缓或停止资金拨付,督促孔子学院整改落实。

（三）完善孔子学院第三方绩效评价主体制度

评价主体外部化或第三方评价是孔子学院绩效评价的必然要求。一方面,现阶段我国有能力承担孔子学院绩效评价的机构为数不多。国家要进一步地加强制度规范,避免目前在第三方绩效评价中第三方评价工作受到牵制和干扰,进而影响其独立性;另一方面,对于第三方评价机构自身也提出了要求。孔子学院的绩效评价是一项复杂综合的工作,孔子学院涉及的范围广、综合性强,第三方评价机构要使得自身在人员配置、能力素养、操作能力等方面符合孔子学院的绩效评价要求。

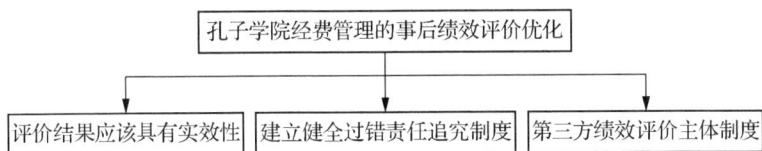

图 4.5　孔子学院事后绩效的管理优化

四、孔子学院绩效的全过程管理优化

绩效是效率、有效和效益的统称,包括相应行为过程和所产生的结果两方面。从其行为过程来看,包括支出的合理性、经济性等;从其结果来看,包括支出与产出的匹配性和有效性、结果是否达到预期目标等。目前,对于孔子学院的绩效评价过于关注结果的绩效评价,缺乏贯穿于立项、执行和验收各个环节的制度安排。倘若建立起全过程孔子学院绩效评价制度,则可以有效应对由于信息不完全、变化了的外部和内部条件,及时纠错、规范孔子学院资金支出,有效地减少资金的浪费。本研究针对孔子学院绩效评价全过程提出如下优化结构:

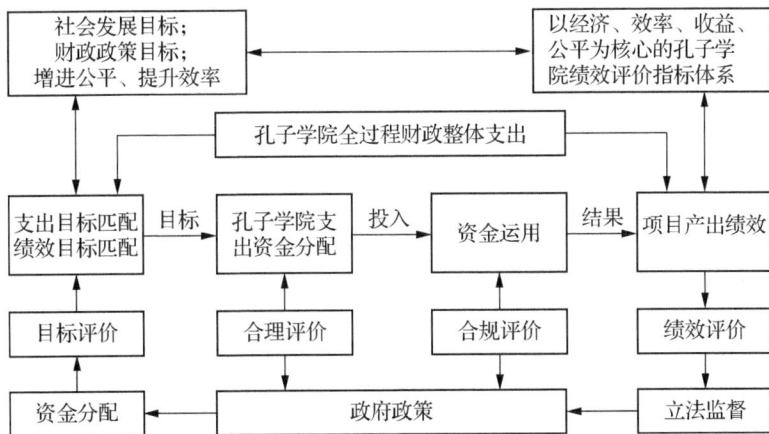

图 4.6　孔子学院绩效的全过程管理优化

第五章
孔子学院绩效评价研究的技术方法

本章所涉及的绩效评价研究技术方法是由本团队学习借鉴已有的经典文献或著作中的技术方法,其核心思想、内容及技术手段已本部分应用于本团队承担的各类企事业单位的绩效评价研究课题中。

第一节　德尔菲法(Delphi Method)

一、方法释义

德尔菲法(Delphi Method)也称专家调查法,1946 年由美国兰德公司创始实行。该方法是由部门组成一个专门的预测机构,其中包括若干专家和部门预测组织者,按照规定的程序,背靠背地征询专家对未来市场的意见或者判断,然后进行预测。

二、方法特点

德尔菲法作为一种主观、定性的方法,不仅可以用于预测领域,而且可以广泛应用于各种评价指标体系的建立和具体指标的确定过程。

三、实施内容

(1) 确定调查题目,拟定调查提纲,准备向专家提供的资料(包括预测目的、期限、调查表以及填写方法等)。

(2) 组成专家小组。按照课题所需要的知识范围,确定专家。专家人数的多少可根据预测课题的大小和涉及面的宽窄而定,一般不超过 20 人。

(3) 向所有专家提出所要预测的问题及有关要求,并附上有关这个问题的所有背景材料,同时请专家提出还需要什么材料,然后由专家做书面答复。

(4) 各个专家根据他们所收到的材料,提出自己的预测意见,并说明自己是怎样利用这些材料并提出预测值的。

(5) 将各位专家第一次判断意见汇总,列成图表,进行对比,再分发给各位专家,让专家比较自己同他人的不同意见,修改自己的意见和判断。也可以把各位专家的意见加以整理,或请身份更高的其他专家加以评论,然后把这些意见再分送给各位专家,以便他们参考后修改自己的意见。

(6) 将所有专家的修改意见收集起来汇总,再次分发给各位专家,以便做第二次修改。逐轮收集意见并向专家反馈信息是德尔菲法的主要环节。收集意见和信息反馈一般要经过三、四轮。在向专家进行反馈的时候,只给出各种意见,但并不说明发表各种意见的专家的具体姓名。这一过程重复进行,直到每一个专家不再改变自己的意见为止。

(7) 对专家的意见进行综合处理。充分发挥各位专家的作用,集思广益,把各位专家意见的分歧点表达出来,取各家之长,避各家之短。

四、实施程序

(1) 团队成员发出第一份初始调查表,收集参与者对于某一话题的观点;(注:德尔菲法中的调查表与通常的调查表有所不同,通常的调查表只向被调查者提出问题,要求回答,而德尔菲法的调查表不仅提出问题,还兼有向被调查者提供信息的责任,它是团队成员交流思想的工具。)

(2) 向团队成员发出第二份调查表(列有其他人意见),要求其根据几个具体标准对其他人的观点进行评估;

(3) 向团队成员发出第三份调查表(列有第二份调查表提供的评价结果、平均评价、所有共识),要求其修改自己原先的观点或评价;

(4) 总结出第四份调查表(包括所有评价、共识和遗留问题),由组织者对其综合处理。

德尔菲法的具体实施步骤见下图:

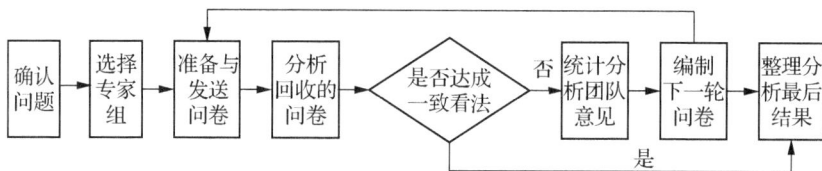

图 5.1　德尔菲法实施步骤

德尔菲法在评价流程中的具体应用环节见下图:

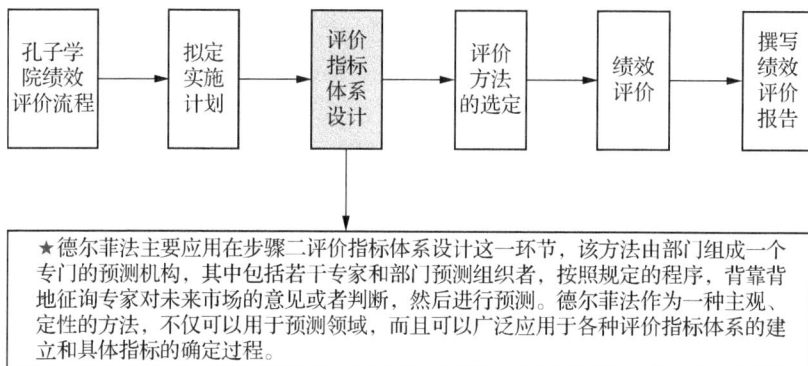

★德尔菲法主要应用在步骤二评价指标体系设计这一环节,该方法由部门组成一个专门的预测机构,其中包括若干专家和部门预测组织者,按照规定的程序,背靠背地征询专家对未来市场的意见或者判断,然后进行预测。德尔菲法作为一种主观、定性的方法,不仅可以用于预测领域,而且可以广泛应用于各种评价指标体系的建立和具体指标的确定过程。

图 5.2　德尔菲法具体应用环节

第二节　ANP 法

一、方法释义

网络层次分析法(The Analytic Network Process,下文简称 ANP)是基于层次分析法(The Analytic Hierarchy Process,下文简称 AHP)发展而来的科学决策方法。

二、方法特点

相较于 AHP, ANP 既考虑到了网络间的递阶层次结构, 还考虑到了各指标之间的相互影响及制约关系, 因此, ANP 能够更为真实地描述和刻画复杂决策问题。在网络层次分析法中, 整个决策系统被分为控制层和网络层两个部分。控制层中决策准则相互独立, 是典型的 AHP 递阶层次结构, 因此, 每个决策准则的权重可通过传统的 AHP 方法获取。网络层中由于不同元素之间相互影响、相互耦合, 形成了相互作用的网络结构。控制层和网络层组成为典型 ANP 层次结构。

三、实施内容

ANP 将系统元素划分为两大部分:

(1) 第一部分称为控制因素层, 包括问题目标及决策准则。所有的决策准则均被认为是彼此独立的, 且只受目标元素支配。控制因素中可以没有决策准则, 但至少有一个目标。控制层中每个准则的权重均可用 AHP 方法获得。

(2) 第二部分为网络层, 它是由所有受控制层支配的元素组组成的, 其内部是互相影响的网络结构, 元素之间互相依存、互相支配, 元素和层次间内部不独立, 递阶层次结构中的每个准则支配的不是一个简单的内部独立的元素, 而是一个互相依存、反馈的网络结构。

四、实施程序

(1) 构建 ANP 的典型结构。ANP 典型结构的构建, 首先需要构建控制层次, 界定决策目标以及决策准则。在此基础上, 利用 AHP 的方法计算各个决策准则相对于决策目标的权重。然后, 分析每个元素集中元素之间的相互作用, 并构建出网络层次。

(2) 构建用以计算权重的 ANP 的超矩阵。令控制层中对应于目标层 G 的准则分别为 $R_1, R_2, \cdots, R_N$, 网络层中存在元素集 $E_1, E_2, \cdots, E_N$, 其中元素集 E_i 中有元素 $E_{i1}, E_{i2}, \cdots, E_{im}, i=1,2,\cdots,N$。以控制层中元素 R_s 为准则, 元素集 E_j 中元素 E_{j1} 为次准则, 对元素集 E_j 中各元素的重要度进行分析, 构造判断矩阵并得到归一化特征向量$(w_{i1}, w_{i2}, \cdots, w_{ni})^{\mathrm{T}}$，也就是网络元素排序向量。同理能够得到相较于其他元素的排序向量，进而得到一个超矩阵，将其标记为$\boldsymbol{W}_{ij}$：

$$\boldsymbol{W}_{ij} = \begin{bmatrix} w_{i1}^{(j_1)} & w_{i1}^{(j_2)} & \cdots & w_{i1}^{(jn_j)} \\ w_{i2}^{(j_1)} & w_{i2}^{(j_2)} & \cdots & w_{i2}^{(jn_j)} \\ \cdots & \cdots & \cdots & \cdots \\ w_{im_i}^{(j_1)} & w_{im_i}^{(j_2)} & \cdots & w_{im_i}^{(jn_j)} \end{bmatrix}$$

在$\boldsymbol{W}_{ij}$中，列向量所代表的为元素集E_i中元素$E_{i1}, E_{i2}, \cdots, E_{ini}$对元素集$E_j$中的元素$E_{j1}, E_{j2}, \cdots, E_{mj}$的重要度排序向量。若$E_i$中的元素对于$E_j$中的元素不产生影响，则$w_{ij} = 0$。因此，通过组合所有的网络层元素相互影响的排序向量就能够得到R_s准则下的超矩阵$\boldsymbol{W}$。

$$\boldsymbol{W} = \begin{bmatrix} w_{11} & w_{12} & \cdots & w_{1N} \\ w_{21} & w_{22} & \cdots & w_{2N} \\ \cdots & \cdots & \cdots & \cdots \\ w_{N1} & w_{N2} & \cdots & w_{NN} \end{bmatrix}$$

（3）构建加权超矩阵。超矩阵$\boldsymbol{W}$反映的是层次内部各元素对于某一特定准则的排序，并未考虑到其他层次对该准则的影响，因此，超矩阵$\boldsymbol{W}$中的列向量并未归一化。想要客观地刻画和描述每个元素的重要程度，还需要考虑不同层次之间的反馈等影响作用。判断R_s准则下元素$E_1, E_2, \cdots, E_N$对于准则的重要度，并按照重要度大小进行排序，能够得到一个归一化的排序列向量为$(a_{1j}, \cdots, a_{nj})^{\mathrm{T}}$，得到一个加权矩阵为$\boldsymbol{A} = \begin{bmatrix} a_{11} & \cdots & a_{1N} \\ \cdots & \cdots & \cdots \\ a_{N1} & \cdots & a_{NN} \end{bmatrix}$，$a_{ij}$的取值范围为$[0,1]$且$\sum\limits_{i,j=1}^{N} a_{ij} = 1$，基于上述分析，构造 ANP 的加权超矩阵为$\overline{\boldsymbol{W}} = a_{ij}\boldsymbol{W}_{ij}$。

（4）极限超矩阵$\lim\limits_{k \to \infty} w^k$。为了更好地表述不同元素之间存在的相互依存关系，在构造加权超矩阵的基础上，还需要对$\boldsymbol{W}$做稳定处理，也就是计算极限相对排序向量：$\lim\limits_{k \to \infty} (1/N) \sum\limits_{k=1}^{N} \boldsymbol{W}^k$。若该极限收敛并且唯一，则$\boldsymbol{W}^\infty$的第$j$列就是准则层下网络层中各元素对于元素 j 的极限相对排序,也就是各元素相对于终极目标的权重值。

ANP 层次结构见下图:

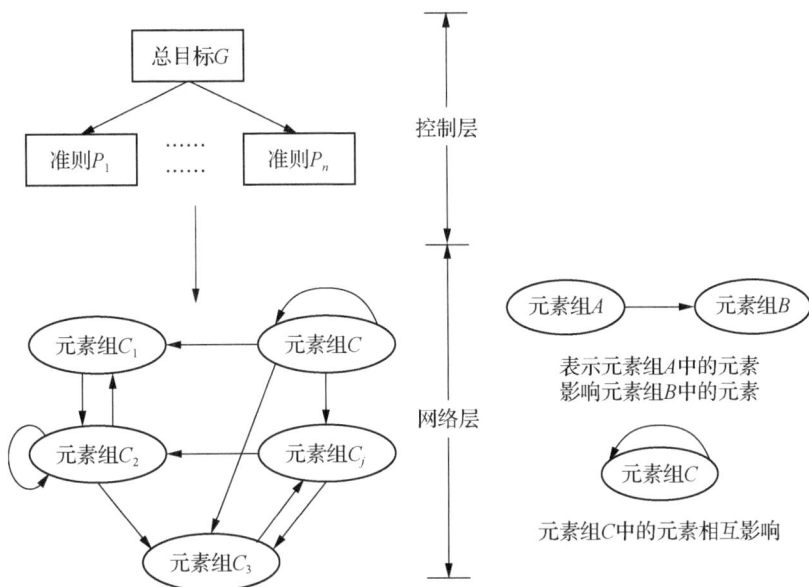

图 5.3　网络分析法的典型结构模型

ANP 法在评价流程中的具体应用环节见下图:

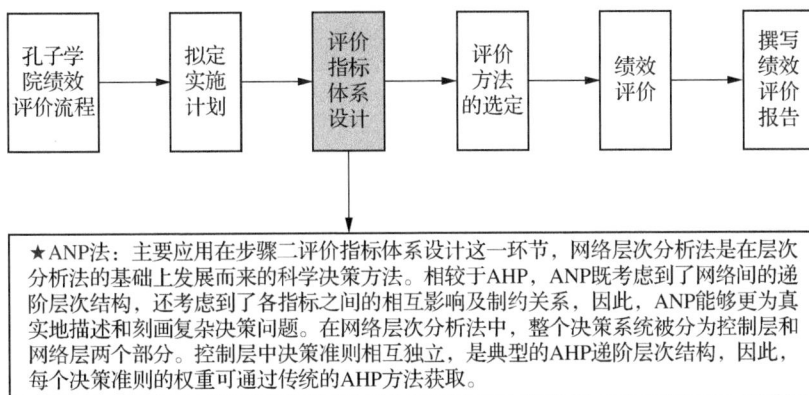

★ANP法:主要应用在步骤二评价指标体系设计这一环节,网络层次分析法是在层次分析法的基础上发展而来的科学决策方法。相较于AHP,ANP既考虑到了网络间的递阶层次结构,还考虑到了各指标之间的相互影响及制约关系,因此,ANP能够更为真实地描述和刻画复杂决策问题。在网络层次分析法中,整个决策系统被分为控制层和网络层两个部分。控制层中决策准则相互独立,是典型的AHP递阶层次结构,因此,每个决策准则的权重可通过传统的AHP方法获取。

图 5.4　ANP 法具体应用环节

第三节　模糊综合评价法

一、方法释义

模糊综合评价法(Fuzzy Comprehensive Evaluation Method)是一种基于模糊数学的综合评价方法。该综合评价法根据模糊数学的隶属度理论把定性评价转化为定量评价,即用模糊数学对受到多种因素制约的事物或对象做出一个总体的评价。

模糊综合评价法具有结果清晰、系统性强的特点,能较好地解决模糊的、难以量化的问题,适合各种非确定性问题的解决。

二、实施内容

(1) 首先确定被评价对象的因素(指标)集合评(等级)集。

(2) 分别确定各个因素的权重及其隶属度向量,获得模糊评判矩阵。

(3) 将模糊评判矩阵与因素的权向量进行模糊运算并进行归一化,得到模糊综合评价结果。

三、实施程序

(1) 模糊综合评价指标的构建。模糊综合评价指标体系是进行综合评价的基础,评价指标的选取是否适宜,将直接影响综合评价的准确性。进行评价指标的构建应广泛涉猎与该评价指标系统行业资料有关或者相关的法律法规。

(2) 采用构建好权重向量。通过专家经验法或者 AHP 层次分析法构建好权重向量。

(3) 构建评价矩阵。建立适合的隶属函数从而构建好评价矩阵。

(4) 评价矩阵和权重的合成。采用适合的合成因子对其进行合成,并对结果向量进行解释。

模糊综合评价结构见下图:

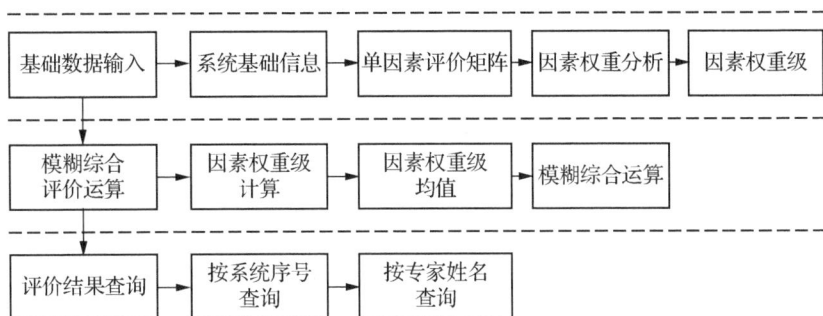

图 5.5　模糊综合评价结构

模糊综合评价法在评价流程中的具体应用环节见下图：

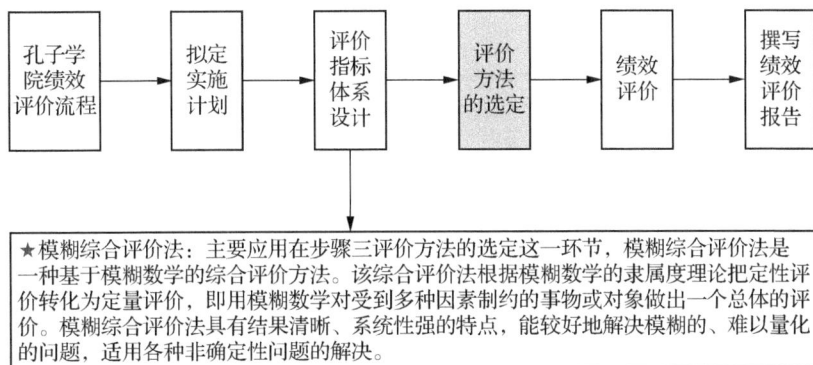

★模糊综合评价法：主要应用在步骤三评价方法的选定这一环节，模糊综合评价法是一种基于模糊数学的综合评价方法。该综合评价法根据模糊数学的隶属度理论把定性评价转化为定量评价，即用模糊数学对受到多种因素制约的事物或对象做出一个总体的评价。模糊综合评价法具有结果清晰、系统性强的特点，能较好地解决模糊的、难以量化的问题，适用各种非确定性问题的解决。

图 5.6　模糊综合评价法具体应用环节

第四节　平衡计分卡

一、方法释义

平衡计分卡(The Balanced Score Card,简称 BSC),就是根据组织的战略要求而精心设计的指标体系。按照卡普兰和诺顿的观点,"平衡计分卡是一种绩效管理的工具。它将战略目标逐层分解转化为各种具体的相互平衡的绩效考核指标体系,并对这些指标的实现状况进行不同时段的考核,从而为战略目标的完成建立起可靠的执行基础。"

二、方法特点

BSC 是一套从四个方面对战略管理的绩效进行财务与非财务综合评价的评分卡片,不仅能有效克服传统的财务评估方法的滞后性、偏重短期利益和内部利益以及忽视无形资产收益等诸多缺陷,而且是一个科学的集战略管理控制与战略管理的绩效评估于一体的管理系统。

三、实施内容

(1) 定义远景;

(2) 设定长期目标(时间范围为 3 年);

(3) 描述当前的形势;

(4) 描述将要采取的战略计划;

(5) 为不同的体系和测量程序定义参数。

四、实施程序

(1) 以组织的共同愿景与战略为内核,运用综合与平衡的哲学思想,依据组织结构,将主体的愿景与战略转化为下属各责任部门(如各事业部)在财务(financial)、目标对象(target object)、内部流程(internal processes)、创新与学习(innovation&learning)等四个方面的系列具体目标(即成功的因素),并设置相应的四张计分卡。

(2) 依据各责任部门分别在财务、目标对象、内部流程、创新与学习等四种计量可具体操作的目标,设置一一对应的绩效评价指标体系,这些指标不仅与主体战略目标高度相关,而且是以先行(leading)与滞后(lagging)两种形式,同时兼顾和平衡主体长期和短期目标、内部与外部利益,综合反映战略管理绩效的财务与非财务信息。

(3) 由各主管部门与责任部门共同商定各项指标的具体评分规则。一般是将各项指标的预算值与实际值进行比较,对应不同范围的差异率,设定不同的评分值。以综合评分的形式,定期(通常是一个季度)考核各责任部门在财务、目标对象、内部流程、创新与学习等四个方面的目标执行情况,及时反馈、适时调整战略偏差,或修正原定目标和评价指标,确保主体战略得以顺利与正确地实行。

平衡计分卡基本框架见下图:

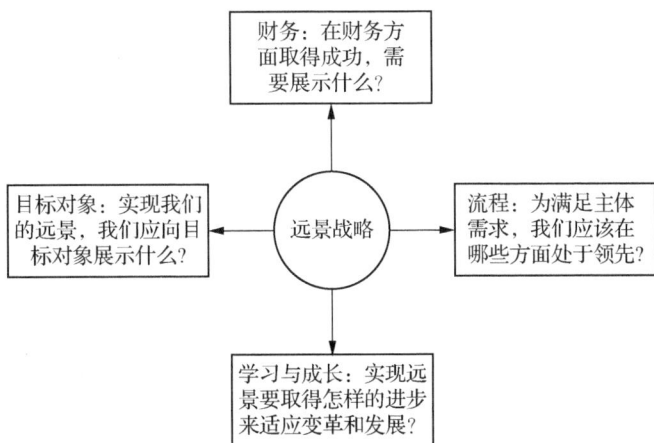

图 5.7　平衡计分卡基本框架

平衡计分卡在评价流程中的具体应用环节见下图:

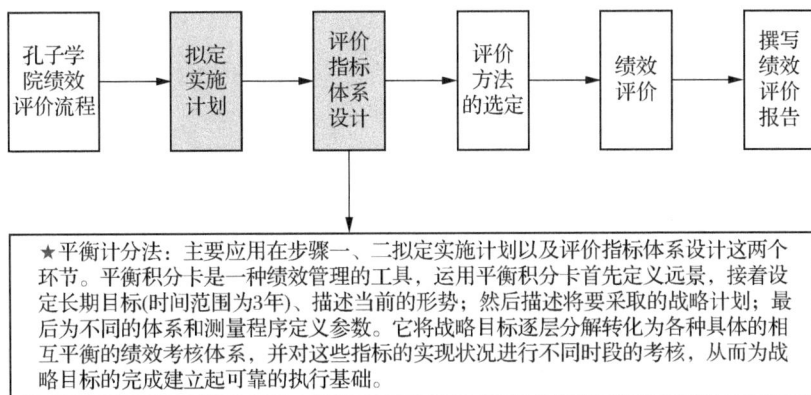

★平衡计分法:主要应用在步骤一、二拟定实施计划以及评价指标体系设计这两个环节。平衡积分卡是一种绩效管理的工具,运用平衡积分卡首先定义远景,接着设定长期目标(时间范围为3年)、描述当前的形势;然后描述将要采取的战略计划;最后为不同的体系和测量程序定义参数。它将战略目标逐层分解转化为各种具体的相互平衡的绩效考核体系,并对这些指标的实现状况进行不同时段的考核,从而为战略目标的完成建立起可靠的执行基础。

图 5.8　平衡计分卡具体应用环节

第五节　逻辑分析法

一、方法释义

逻辑分析法(logical analysis)是通过对事情背景的分析,按照投入、活动、产出、结果、影响等因素找出之间的内在联系,它可以帮助组织设计业绩目标,把目标转化为绩效目标,提供多目标的量化管理。逻辑分析法是预算绩效评价的重要方法,其主要用来分析一个项目的投入、管理过程及其结果之间关系的一种方法。目前,国内外均喜欢运用这种方法进行绩效评估,在一些西方国家更是运用普遍。

二、方法特点

逻辑分析法是以抽象的、理论上前后一贯的形式对策划客体的发展进行概括研究。事物的发展是曲折的,它的必然性是通过无数偶然性开辟其前进道路的,它的本质常常为纷繁的现象所掩盖。逻辑分析法就是从纯粹的、抽象理论的形态上来揭示策划对象的本质,通过概念、判断、推理等思维形式完成策划。

三、实施内容

逻辑分析法的指标体系包含以下几个方面:

(1) 投入指标主要关注资金投入的相对量。

(2) 考察投入的结构合理性。产出指标体系包括"直接产出"和"间接产出"两个方面。直接产出用于直接考察资金的使用情况,间接产出是相对于结果,反映资金使用后的效果,例如社会价值,最后,影响力指标体系体现了各方面的结果所产生的综合社会结果和社会影响。

(3) 按照逻辑分析法构建出适合的预算绩效评价指标体系,它是从部门决策、部门管理、部门绩效以及能力建设四个方面进行设置。设置过程中基本上遵循了

"投入—过程—产出—结果"的逻辑框架,体现了绩效评价的"经济性""效益性""效率性",形成了预算绩效评价指标体系的基本框架。

四、实施程序

(1) 投入经费及开展项目。单位通过活动花费经费以期实现经费目标,活动是目标实现的过程。

(2) 项目产出,这是绩效评价考察的重点。产出包括三部分,即狭义的产出、结果和影响。这三部分存在如下逻辑顺序:对应"产出"是指经费使用后的直接结果;对应"结果"是指产出"交付使用"后产生的社会、环境、政治等效益;对应"影响"则是保证项目绩效持续发生的影响力因素或制约条件。

逻辑分析法结构见下图:

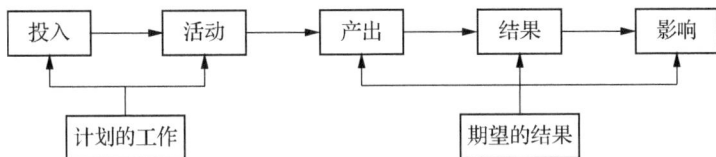

图5.9　逻辑分析法结构

逻辑分析法在评价流程中的具体应用环节见下图:

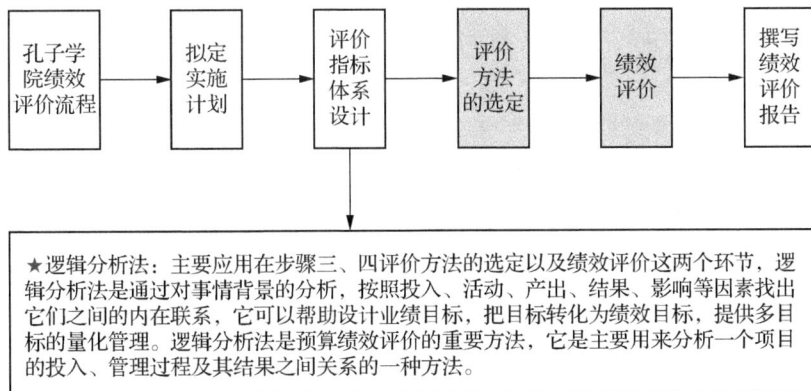

图5.10　逻辑分析法具体应用环节

第六节　绩效三棱镜

一、方法释义

绩效三棱镜(performance prism)是英国克兰费尔德大学(Cranfield University)管理学院的 Andy Neely 等教授和安德森咨询公司(Andersen Consulting)的合作研究成果。他们针对传统的业绩评价体系都过分强调股东利益的缺点,以及平衡计分卡只考虑了股东、员工与顾客三个利益相关者的不足,提出了绩效三棱镜体系。绩效三棱镜的基本寓意为:日光经过三棱镜的折射显示出七彩颜色,而经营环境经过绩效三棱镜的"折射"则反映出各类利益相关者的要求,从而可以据此开展管理并对结果进行评价。

二、方法特点

与平衡计分卡相比,绩效三棱镜的创新之处主要在于:

(1) 考虑了更广泛的利益相关者;

(2) 考虑了利益相关者的双向作用,即要求与贡献;

(3) 绩效三棱镜的五个方面之间的逻辑关系更加明确。它针对不同的利益相关者,分别从需求、贡献、战略、流程、能力五个方面建立评价指标体系,从而将利益相关者与战略有效地结合起来,进而将战略与行动有效地结合起来。

三、实施内容

(1) 绩效三棱镜把利益相关者置于绩效评价的中心地位,从利益相关者的角度出发来形成战略、确定内部过程和发展能力。

(2) 绩效三棱镜的评价是全方位的,绩效三棱镜想要折射的就是利益相关者对部门的要求和部门对利益相关者的要求之间的差异,也就是说部门和利益相关者之间的交换品到底是什么。

(3) 绩效棱柱对绩效评价的起点不是战略,而是利益相关者的分析,战略只是一种能够提升价值,并把价值传递给其利益相关方的行动,即只是实现评价目标的途径而不是评价目标本身。

四、实施程序

(1) 要实现可持续发展,首先必须清楚地知道部门的利益相关者及其需求是什么(三棱镜上底);

(2) 然后据此制定战略,通过战略实施将价值及信息传递给利益相关者(三棱镜侧面);

(3) 为了实施战略,必须建立有效合理的流程(三棱镜侧面);

(4) 为了保证流程的顺利实施,必须具备适当的能力(三棱镜侧面);

(5) 部门在为利益相关者创造价值的同时,也需要获取利益相关者对部门的贡献(三棱镜下底)。对于股东、债权人、客户、员工、社区等每类利益相关者,都需要从这五个方面进行绩效评价。

绩效三棱镜逻辑结构见下图:

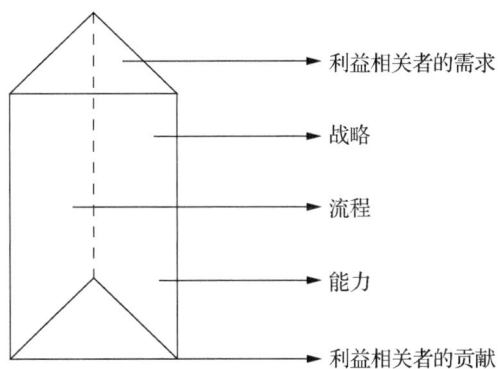

图 5.11　绩效三棱镜逻辑结构

绩效三棱镜在评价流程中的具体应用环节见下图：

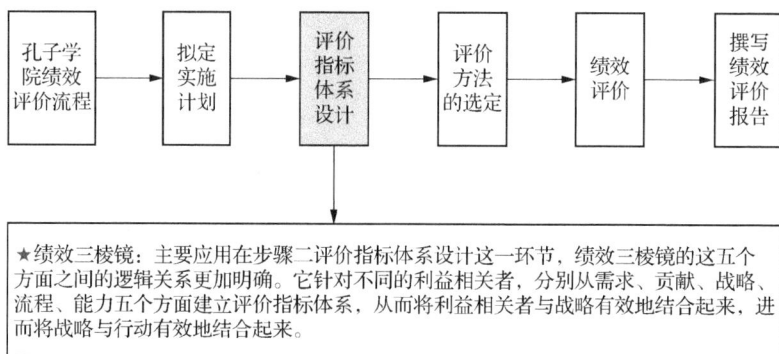

图 5.12　绩效三棱镜具体应用环节

第七节　行为锚定等级评价法

一、方法释义

行为锚定等级评价法(behaviorally anchored rating scale,BARS),也称为行为定位评分法,是比较典型的行为导向型评估法。它由美国学者史密斯与肯德尔在美国"全国护士联合会"资助下研究提出,兰迪特和吉昂在 1970 年证明它可用于工作动机的评估,所以在 20 世纪 70 年代得到广泛的应用。行为锚定等级评价法是一种将同一职务工作可能发生的各种典型行为进行评分度量,建立一个锚定评分表,以此为依据,对员工工作中的实际行为进行测评级分的考评办法。

二、方法特点

行为锚定等级评价法侧重具体可衡量的工作行为,通过数值给各项评估项目打分,只不过评分项目是某个职务的具体行为事例,也就是对每一项职务指标做出评分量表,量表分段是实际的行为事例,然后给出等级对应行为,将工作中的行为与指标对比做出评估。它主要针对的是那些明确的、可观察到的、可测量到的工作行为。这种方法的优点是评估指标有较强的独立性,评估尺度较精确;对具体的行为进行评估准确性高一些。它的缺点是评估对象一般是从事具体工作的员工,对从事其他工作的员工适用性较差;另外一个员工的行为可能出现在量表的顶部或底部,科学设计有助于避免这种情况,但实际中难免出现类似情况。

三、实施内容

(1) 针对每一个绩效指标都设计出一个等级评价表,表上每一个等级的绩效均通过对工作中某一关键事件的客观描述性说明词来加以界定(即所谓锚定)。

(2) 通过这种等级评价表,对关于特别优良或特别劣等绩效的叙述加以等级性量化,供考评者对被考评者进行实际绩效评分时作参考依据。

四、实施程序

行为锚定等级评价法(BARS)的目的在于通过一个等级评价表,将关于特别优良或特别劣等绩效的叙述加以等级性量化,从而将描述性关键事件评价法和量化等级评价法的优点结合起来。行为锚定等级评价法通常要求按照以下5个步骤来进行。

(1) 进行岗位分析,获取关键事件,以便对一些代表优良绩效和劣等绩效的关键事件进行描述。

(2) 建立绩效评价的等级。一般分为5—9级,将关键事件归并为若干绩效指标,并给出确切定义。

(3) 对关键事件重新加以分配。由另一组管理人员对关键事件做出重新分配,把它们归入最合适的绩效要素和指标中,确定关键事件的最终位置,并确定出绩效考评指标体系。

(4) 对关键事件进行评定。审核绩效考评指标等级划分的正确性,由第二组人员将绩效指标中包含的重要事件由优到差、从高到低进行排列。

(5) 建立最终的工作绩效评价体系。

BARS方法下行为类型(胜任素质)结构模型中的三个层次见下图:

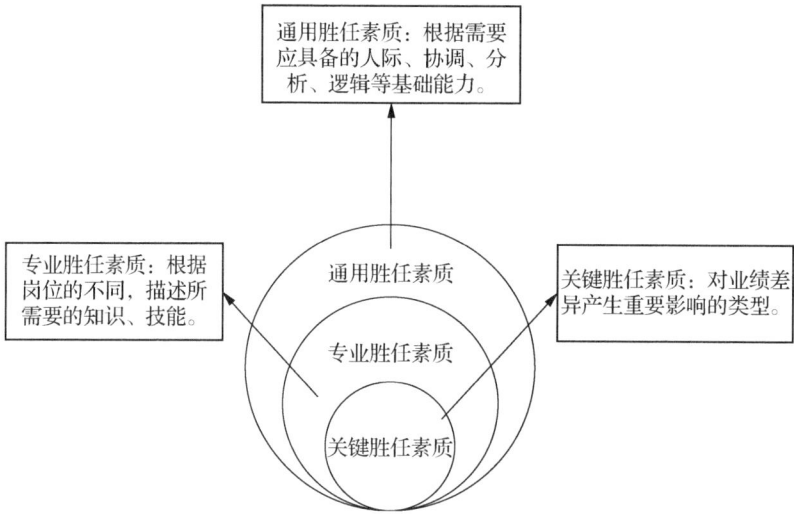

图 5.13　BARS 方法下行为类型(胜任素质)结构模型

行为锚定等级评价法在评价流程中的具体应用环节见下图：

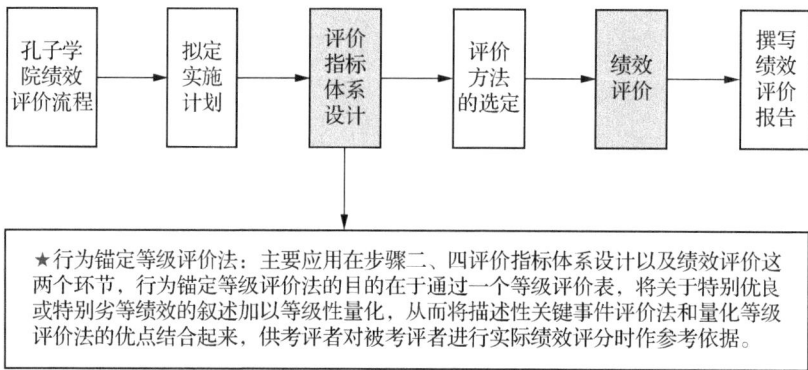

★行为锚定等级评价法：主要应用在步骤二、四评价指标体系设计以及绩效评价这两个环节，行为锚定等级评价法的目的在于通过一个等级评价表，将关于特别优良或特别劣等绩效的叙述加以等级性量化，从而将描述性关键事件评价法和量化等级评价法的优点结合起来，供考评者对被考评者进行实际绩效评分时作参考依据。

图 5.14　行为锚定等级评价法的具体应用环节

第六章
孔子学院绩效评价的研究内容

第一节　孔子学院绩效评价指标的构建思路

一、个性指标与共性指标相结合

各个孔子学院都有其自身特定的工作性质和工作内容,评估模式要制定相应的个性指标,要根据不同的考评目的和考评对象进行指标设计,从实际情况出发,使其具有较强的针对性,充分体现出所考评对象的工作性质、工作内容和特点。各个地区孔子学院按照标准的格式,都可以嵌入统一的评估系统。同为汉语言教育机构,除却个别孔子学院经费管理工作内容有所差别,各个孔子学院还有相当部分是共同的。评估模式中设置共性指标,直接显现各个部门之间横向的可比性,有助于绩效评估在更大范围内迅速推广,增强评估本身的可信度。共性指标主要集中于投入和过程环节,个性指标主要集中于产出和效益环节。

二、定性指标与定量指标相结合

定性指标是指不能用数据计量的,而只能通过描述性的语句来表述其内容和程度的指标,多是各项能力态度类指标,比如沟通能力、创新能力、领导能力、责任感、主动性等。如果说定量指标的精髓在于清晰,定性指标的精髓则正是在于模糊,而模糊也内含一种平衡、综合、权变、人性化的管理思想,它能够极大地运用人的经验和才能。在领导力到位的前提下,定性考核是可以取得让人满意的成果的。本绩效评价指标体系中定性指标的筛选主要采用德尔菲法,运用该方法时,各位专家之间相互独立,各自回答研究者提出的问题,研究者与专家之间可以进行反复沟通与讨论,最终获得咨询结果,以此来确保定性指标的科学性。孔子学院相当部分的评估只能采取定性的方式确定。

首先,同一个评估主体多位评估成员之间分值系数的加权计算,也有量化的含义在内。其二是业绩指标尽可能用一些表示相对值的计量形式表现出来,例如比率关系。其三是选择一些有代表性的指标建构模型,反映指标的量化关系。

三、通用性指标与创新性指标相结合

通用性指标是参考国内外一系列指标体系,从中筛选出适合自身发展的通用性指标,在一定范围内作为其他标准的基础并普遍使用,具有广泛指导意义。独创性指标是本课题组在查找大量文献的基础上,在翻阅国家汉办的有关文件或者已经实行的指标体系中,通过头脑风暴等方法自行提炼,从全方位角度思考得出的。如:文化活动年增长率、国际交流交换率、财务对文化交流影响增长率、重大标志性成果产出率及学员和社会满意度等。

四、主观性与客观性相结合

评价指标遵循主客观相结合的原则。其中,客观指标是指反映客观现象的指标,是反应实情的指标。主观指标也称感觉指标,是指反映人们的感觉、愿望、态度、评价等主观情况的指标,是反映民意的指标。本绩效评价指标体系客观指标数据主要参照文献和汉办官方网站文件,主观指标数据是依靠各方专家打分及调查问卷来获取。项目管理、风险管理指标下的三级指标多为主观指标;资金管理、教学成果、创新成果、人才培养、经济效益指标下的三级指标多为客观指标。

五、过程指标与结果指标相结合

孔子学院经费管理绩效评估指标设计应该坚持过程指标与结果指标相结合的原则。在评估研究的文献中,最基本的分类是总结式评估和过程评估。指标是评估的具体手段,相应地,总结式评估通常是通过结果指标予以评估。由于孔子学院工作的外部性特征,使得政府工作的产出难以衡量,因此,对孔子学院绩效评估而言,过程指标和结果指标都是不可或缺的。过程方面主要包括对孔子学院职能的评价、财务性指标评价和一些常规性评价,约占该指标体系的40%;在绩效评估指标设计中重点关注结果指标,包括产出和效益两方面,约占该指标体系的60%。

第二节　孔子学院绩效评价指标体系的构建

通过前期对于项目的认真研究、与孔子学院方面进行多次沟通和查阅学术性论坛及网站的资料,最终确定从投入、过程、产出、效果四个维度设置指标,整个指标体系包括9个二级指标,33个三级指标,具体如下表。

一、投入、过程方面

表6.1　投入、过程方面评价指标

一级指标	二级指标	三级指标
投入(A_1)	孔子学院年投入总额增长率(B_1)	人员工资费用增长率(C_{11})
		办公差旅费用增长率(C_{12})
		设备器械费用增长率(C_{13})
		活动项目费用增长率(C_{14})
过程(A_2)	资金管理(B_2)	资金及时到位率(C_{21})
		财务制度健全性(C_{22})
		资金专款专用率(C_{23})
		资金使用合规合理性(C_{24})
	项目管理(B_3)	项目经费申报规范性(C_{31})
		项目经费目标达成率(C_{32})
		项目经费使用合规性(C_{33})
	风险管理(B_4)	风控机制健全性(C_{41})
		风控关键控制点设立(C_{42})
		应急管理措施(C_{43})

(1) 投入(A1)

通过查阅国内外有关孔子学院财政方面的文献以及与孔子学院方面的多次协商确立此指标。

(2) 孔子学院年投入总额增长率(B_1)

主要是对孔子学院几个重要方面的年投入的增长情况进行评价。

(3) 人员工资费用增长率(C_{11})

考察孔子学院每年人员工资费用投入的增长情况。如果每一年孔子学院的人员工资费用能保持增长,则可以说明孔子学院的收入保持着良好的态势。计算公式为:(本年人员工资费用-上年人员工资费用)/上年人员工资费用。

(4) 办公差旅费用增长率(C_{12})

考察孔子学院每年办公差旅费用投入的增长情况。如果每一年孔子学院的办公差旅费用能够保持增长,则可以表明孔子学院对外交流次数不断增加,有着良好的上升趋势。计算公式为:(今年办公差旅费用-上年办公差旅费用)/上年办公差旅费用。

(5) 设备器械费用增长率(C_{13})

考察孔子学院每年学校器械和基础设备费用投入的增长情况。如果学校器械和基础设备费用保持上升的趋势,则说明学校在招生人数和活动等方面的需求不断增加,促进了孔子学院的进一步发展。计算公式为:(今年设备器械费用-上年设备器械费用)/上年设备器械费用。

(6) 活动项目费用增长率(C_{14})

考察孔子学院每年组织文化活动费用投入的增长情况。活动项目费用若每年不断增加,则代表孔子学院内外部活动在不断丰富。计算公式为:(今年活动项目费用-上年活动项目费用)/上年活动项目费用。

(7) 过程(A_2)

通过查阅国内外有关孔子学院财政方面的文献以及与孔子学院方面的多次协商确立此指标。

(8) 资金管理(B_2)

主要考察孔子学院资金使用的相关情况。

(9) 资金及时到位率(C_{21})

考察孔子学院资金是否按计划及时到位,反映了孔子学院对于资金的管理情况。计算公式为:年度实际投入资金/年度计划投入资金。

(10) 财务制度健全性(C_{22})

考察孔子学院是否有健全、详细的财务管理制度。健全、详细的财务管理制度对于孔子学院的资金使用和监管等有十分重要的意义,甚至会直接影响到资金使用的效率。

(11) 资金专款专用率(C_{23})

考察孔子学院专款资金的使用规范程度,是否按计划完全使用在指定活动上。资金是否用在指定的活动上直接影响到该项活动是否能够顺利进展以及能否达成预期的目标。计算公式为:专项资金实际使用量/专项资金计划使用量。

(12) 资金使用合规合理性(C_{24})

考察孔子学院预算资金的规范运行情况是否符合相关的财务管理制度的规定。资金使用是否合理合规对于项目的进行以及目标值等与资金有关方面的所有活动都有重大影响。

(13) 项目管理(B_3)

主要考察孔子学院项目在运行过程中的情况。

（14）项目经费申报规范性（C_{31}）

考察孔子学院管理部门组织项目申报、辅导、评审、公示等环节是否符合规范、是否能够达到相关机构对于此项目的要求，以确保项目能够顺利开展并进行。

（15）项目经费目标达成率（C_{32}）

考察孔子学院计划的项目经费目标预期达成的项目数量与实际达成的项目数量之间的关系。计算公式为：项目经费实际实现目标数量/项目经费计划实现目标数量。

（16）项目经费使用合规性（C_{33}）

考察孔子学院项目活动资金的规范运行情况是否符合相关的财务管理制度的规定。符合相关的法律法规是活动能够顺利开展并达到目标的基本条件。

（17）风险管理（B_4）

主要考察孔子学院在风险管理方面是否有相关应急措施。

（18）风控机制健全性（C_{41}）

孔子学院对于风险控制机制是否有合理规定，是否健全完善。健全、完善的风控机制对于是否能够及时、有效地处理紧急或突发事件影响重大。

（19）风控关键控制点设立（C_{42}）

考察孔子学院是否设立风险关键控制点，是否严格监督。

（20）应急管理措施（C_{43}）

考察孔子学院的活动有无应急预案、有无止损措施及内控制度是否完善等。

二、产出、效益方面

表 6.2　产出、效益方面评价指标

一级指标	二级指标	三级指标
产出(A_3)	教学成果(B_5)	汉语等级考试通过率(C_{51})
		文化活动年增长率(C_{52})
		国际交流交换率(C_{53})
		新课程开设增长率(C_{54})
	创新成果(B_6)	世界级奖项获得数(C_{61})
		地区级奖项获得数(C_{62})
		国家级奖项获得数(C_{63})
		校级奖项获得数(C_{64})
	人才培养(B_7)	招生计划完成率(C_{71})
		按时完成学业百分比(C_{72})
		优秀毕业生占比率(C_{73})
效益(A_4)	经济效益(B_8)	收支平衡率(C_{81})
		成本控制率(C_{82})
		学生学费收入增长率(C_{83})
		社会机构捐赠收入增长率(C_{84})
		活动培训费收入增长率(C_{85})
	社会效益(B_9)	财务对文化交流影响增长率(C_{91})
		重大标志性成果产出率(C_{92})
		学员和社会满意度(C_{93})

（1）产出（A_3）

通过查阅国内外有关孔子学院财政方面的文献以及与孔子学院方面的多次协商确立此指标。

(2) 教学成果（B_5）

主要考察孔子学院活动在教学方面带来了什么样的成果。

(3) 汉语等级考试通过率（C_{51}）

主要考察孔子学院每年考取汉语基础及初中高级证书的学生比率。计算公式为：参加且通过汉语等级考试人数/参加汉语等级考试人数。

(4) 文化活动年增长率（C_{52}）

主要考察与上一年相比孔子学院文教娱乐活动的增长情况。计算公式为：（今年文化活动数目－上年文化活动数目）/上年文化活动数目。

(5) 国际交流交换率（C_{53}）

主要考察孔子学院学生中参与汉语方面国际交流的比率。计算公式为：参与汉语交流学生数/孔子学院当年在校学生数。

(6) 新课程开设增长率（C_{54}）

主要考察孔子学院每年新增开设课程数量增长情况，这一指标能够反映孔子学院教育活动的发展情况。

(7) 创新成果（B_6）

主要考察孔子学院的获奖次数。

(8) 世界级奖项获得数（C_{61}）

考察孔子学院每年获得世界级奖项的次数，这一指标能够反映孔子学院在世界的教育方面能否产生影响。

(9) 地区级奖项获得数（C_{62}）

考察孔子学院每年获得地区级奖项的次数，这一指标能够反映孔子学院在各个地区的教育方面是否产生影响。

（10）国家级奖项获得数（C_{63}）

考察孔子学院每年获得国家级奖项的次数,这一指标能够反映孔子学院在不同国家中产生了怎样的影响。

（11）校级奖项获得数（C_{64}）

考察孔子学院每年获得校级奖项的次数,这一指标能够反映孔子学院在不同国家的不同学校中产生什么样的影响。

（12）人才培养（B_7）

主要考察孔子学院的教育活动带来什么样的成果。

（13）招生计划完成率（C_{71}）

考察孔子学院招生计划人数与实际招生人数的情况。计算公式为:招生计划完成率＝实际招生报到人数/计划招生人数。

（14）按时完成学业百分比（C_{72}）

考察孔子学院的总学生数与能够按时完成完成毕业的学生数量之间的情况。计算公式为:按时完成学业的学生数量/总学生数。

（15）优秀毕业生占比率（C_{73}）

考察孔子学院的总学生数与优秀毕业生数量之间的情况。计算公式为:毕业成绩为优秀的学生数/总学生数。

（16）效益（A_4）

通过查阅国内外有关孔子学院财政方面的文献以及与孔子学院方面的多次协商确立此指标。

（17）经济效益（B_8）

主要考察孔子学院的各项活动产生的收益的相关情况。

（18）收支平衡率（C_{81}）

考察孔子学院所有活动产生的收入与支出之间的关系,反映了孔子学院的收支是否平衡。计算公式为:孔子学院收入/孔子学院支出,比值在 1 以上是平衡有余,等于 1 为收支平衡,小于 1 为亏损。

（19）成本控制率（C_{82}）

考察孔子学院的利润与费用之间的关系,反映了孔子学院的各项活动能否产生营利。计算公式为:孔子学院利润总额/孔子学院成本费用总额,比值在 1 以上是盈利,等于 1 为平衡,小于 1 为亏损。

（20）学生学费收入增长率（C_{83}）

考察孔子学院学生学费年收入增长情况,能够反映孔子学院的发展情况。计算公式为:(今年学生学费收入－上年学生学费收入)/上年学生学费收入。

（21）社会机构捐赠收入增长率（C_{84}）

考察社会机构和个人对孔院捐赠的年收入增长情况。计算公式为:(今年社会机构捐赠收入－上年社会机构捐赠收入)/上年社会机构捐赠收入。

（22）活动培训费收入增长率（C_{85}）

考察孔院组织活动收取培训费用的年收入增长情况。计算公式为:(今年活动培训费收入－上年活动培训费收入)/上年活动培训费收入。

（23）社会效益（B_9）

主要考察孔子学院的活动给社会带来了什么样的效益。

（24）财务对文化交流影响增长率（C_{91}）

考察孔子学院财务经费的不断增长对于文化交流能够产生什么样的影响。计算公式为:财务经费投入增长率/文化活动数量增长率。

（25）重大标志性成果产出率（C_{92}）

考察孔子学院是否在文化交流过程中有标志性成果或重大奖项。这一指标反映孔子学院的各项活动带来了什么样的成果。

（26）学员和社会满意度（C_{93}）

考察孔子学院在校和毕业学员对学院满意程度以及媒体对于孔子学院的评价状况,反映了公众与社会对于孔子学院有什么样的评价。

第七章
欧洲三所大学孔子学院自我评估方法案例

国内相关大学对于自办的孔子学院的工作内容自我评估业已展开,并形成了一些固定模式和范本。本章节选取了三家孔子学院的自我评估方法,并作为案例进行分析。

第一节　A 大学孔子学院自我评估办法

Name of Confucius Institute 孔子学院名称：_____A 大学孔子学院_____

Agreement Signing Date 协议签署时间：_____201×年×月_____

Launch Date 启动运营时间：_____201×年×月××日_____

一、Guidelines 指导方针

In this self-assessment, you are asked to evaluate the overall accomplishments of your Confucius Institute against the following core criteria:

在本自我评估中,您需要在以下重点方面评估您所在孔子学院的工作成绩:

- Impact 影响力
- Sustainability 可持续性
- Visibility 知名度

Your self-assessment should include：

您的自我评估应当包括：

- Qualitative self-assessment 质性自我评估
- Quantitative data, to the extent applicable, that supports your qualitative self-assessment 量化数据，用以支持您的质性评估
- Feedback from participants 学员反馈
- Other feedback from neutral parties(awards, reviews, etc.)其他中立方的反馈(获奖、评论等)

Your self-assessment should be placed within the framework of the overall mission or focus of your particular Confucius Institute, and you should(as further detailed below)discuss any synergies you have developed with other Confucius Institutes or other programs that share your mission.

您的自我评估应当立足于您所在孔子学院的整体宗旨和服务重点的框架中，同时讨论您所在孔子学院与其他孔子学院或宗旨相关的项目间的关系及合作。

For all data related to this self-assessment form(i. e. number of students), please fill in the aggregate figure calculated for the past 5 years or since the Confucius Institute became operational. For special circumstances, please provide detailed explanation.

评估表中所涉及数据(如学生数量等)，请填写过去五年或孔子学院启动运营以来的总和。如有特殊情况，请具体说明。

二、Framework 框架

Please state, in 30 words or less, the mission or focus of your Confucius Institute.

请在三十个字以内说明您所在孔子学院的宗旨或服务重点。

将中文课输入当地中小学教育体系;举办高质展览和国际研讨会。

Please state, in 100 words or less, the strategy you are employing to accomplish your mission.

请在一百个字以内说明您为实现此宗旨所采用的策略。

1. 积极开展和当地市政厅的各类文化合作,建立良好的互动模式。

2. 面向中小学和市民开展教学及文化体验活动。

3. 结合当地教学特点,制定教学大纲,开展汉语教学。

4. 定期开展校友会特色文化和展览活动。

5. 召开国际研讨会。

Please describe, in 100 words or less, your target audience: is it local, regional, national, global? If known, please generally describe your target audience's demographics (e. g., urban v. rural; heritage speakers; English language learners, etc.).

请在一百个字以内说明您的服务对象是地方的、地区的、全国的、还是全球的? 如果已定,请概括说明您的服务对象的人群组成(如:城市还是农村,祖先母语为汉语的学员还是英文为母语的学员等等)。

在周边 7 个市政厅开设了 10 个教学点,将中文课输入当地教育体系。圣若昂·达·马德拉市、艾斯比钮市、埃斯塔雷雅市的公立学校全面开设汉语课程,本部设置语言培训及武术课程;大学开设学分课程。注册学员达 2 500 人。

三、Impact 影响力

➢Please evaluate the impact of your Confucius Institute, according to the following factors, where applicable:

请根据以下相关因素评估您所在孔子学院的影响力:

✓Mandarin Language Programs 汉语项目	YES 有☑　　　NO 无☐
¤ Number of programs and classes 　项目和课程数	Programs 项目数：＿＿10＿＿ Classes 课程数：＿＿207＿＿
¤ Number of enrolled students 　注册学生总人数	Total 总人数：＿7 607＿
¤ Level of Teaching 　教学层次	Preliminary courses 初级班：＿＿80＿＿％ Intermediate course 中级班：＿＿18＿＿％ Advanced courses 高级班：＿＿2＿＿％
¤ Percentage of student types taught 　各类学生百分比	University/College 大学：＿＿8＿＿％ Secondary school 中学：＿＿6＿＿％ Primary school 小学：＿＿82＿＿％ Community member 社会人士：＿3.8＿％ Others 其他：＿0.2＿％
¤ Percentage of class types 　课程类型百分比	Credited Classes 学分班：＿92＿％ Feature courses 特色班：＿＿2＿＿％ Other courses 其他班：＿＿6＿＿％

☐ Level and number of teachers trained 培训各类教师的人数（大学、中学、小学）	University/college teachers 大学教师：___5___ Secondary school teachers 中学教师：___5___ Primary school teachers 小学教师：___90___
☐ Set up of test centers 汉语考试考点	YES 有 ☑　　　　NO 无 ☐
☐ Tests 汉语考试 ✣ Number of participants in the HSK, YCT, and BCT tests 汉语考试人数	HSK：No. of participants 人数：___84___ YCT：No. of participants 人数：___0___ BCT：No. of participants 人数：___0___
☐ Number of teaching materials developed 教材开发（套）	volumes ___1___ 套
☐ Number of teaching material promotion programs 教材推广活动次数	times ___5___ 次
☐ Online teaching 网上教学	Number of classes 班次：___0___ Total Number of students 学生人数：___0___ University/College students 大学生：___0___ Secondary school students 中学生：___0___ Primary school students 小学生：___0___

¤ Do you issue certificates to qualified students and teachers? 您是否向合格学生/教师颁发毕业/结业证书?	YES 有☑ NO 无☐
¤ Do you keep all students records and regularly update them on programs and classes? 您是否保存所有学生资料并按时与他们保持联系,通知他们新的课程?	YES 有☑ NO 无☐
¤ Do you request feedback from your program participants? If so: 您索要参加者的反馈吗? 如果是:	YES 有☑ NO 无☐
¤ What percentage was positive? What percentage negative? 多少是正面的? 多少是负面的?	Positive 正面:____98____ % Negative 负面:____2____ %

✓Cultural Programs 文化 YES 有☑ NO 无☐	
¤ Number of cultural activities 开展活动总次数(如:文化节、演出、展览、讲座、研讨会、各类比赛等) ¤ Number of participants to the cultural activities 参加活动总人数	Times 活动总次数:____190____ No. of people 人数:__25 000__
¤ Cultural festivals 文化节	YES 有☑ NO 无☐ Times 次数:____3____ No. of people 人数:__10 000__

⌑ Performances 演出活动	YES 有☑　　　NO 无☐ Times 次数：___20___ No. of people 人数：_4 000_
⌑ Exhibition 展览	YES 有☑　　　NO 无☐ Times 次数：___4___ No. of people 人数：_6 000_
⌑ Seminars and cultural lectures 文化讲座、研讨会	YES 有☑　　　NO 无☐ Times 次数：___70___ No. of people 人数：_9 500_
⌑ Chinese language competitions 各类汉语类比赛	YES 有☑　　　NO 无☐ Times 次数：___3___ No. of people 人数：_1 000_
⌑ Do you request feedback from the participants of your cultural activities? If so: 您索要文化活动参加者的反馈吗？如果是：	YES 有☑　　　NO 无☐
⌑ What is the percentage of positive feedback? What is the percentage of negative feedback? 多少是正面的？多少是负面的？	Positive 正面：___99___％ Negative 负面：___1___％

✓China Programs 来华项目　　　YES 有☑　　　NO 无☐	
⌑ Scholarship applicants to China 来华奖学金生	Number of students 人数：___3___

¤ "Chinese Bridge" summer/winter camp to China "汉语桥"学生夏/冬令营	Number of students 人数：____20____ University/college students 大学生：____20____
¤ Other summer/winter camp to China 非"汉语桥"学生来华夏/冬令营团组 ¤ "Chinese Bridge" principal delegation "汉语桥"校长团 ¤ Other Principal delegation group 非"汉语桥"校长团来华团组	Secondary school students 中学生：____0____ Primary school students 小学生：____0____ Number of students 人数：____0____ Times 次数：____0____ Number of students 人数：____0____ Times 次数：____0____ Number of students 人数：____0____ Times 次数：____0____

✓Community Engagement 社区带动	
¤ Please describe the extent to which you leverage resources within your local community to support your programs. 请描述您如何利用本地社区资源支持您的项目。	A大学孔子学院在阿威罗大区下设的行政区内定期开展中文课程推广活动,参加学校的开放日及社区公共节日庆典。各市政厅为孔子学院提供免费场地,配备工作人员,负责协调网络、电视、媒体报道等相关工作。

¤ Please describe support you provide, if any, to your local schools/colleges/universities, including. 请描述您对当地学校/学院/大学所提供的支持。	
⊕ Training teachers 培训教师	YES 有☑　　NO 无☐
⊕ Dispatching teachers 派遣教师	YES 有☑　　NO 无☐
⊕ Designing programs 设计项目	YES 有☑　　NO 无☐
⊕ Giving presentations 演讲	YES 有☑　　NO 无☐
⊕ Organizing cultural activities 组织文化活动	YES 有☑　　NO 无☐
⊕ Setting up Confucius classrooms 孔子课堂数量	Number 数量：____0____
⊕ Number of students in affiliated Confucius classrooms 下设孔子课堂学生人数	Student Number 人数：____0____
⊕ Number of local partner organizations 与当地建立合作关系的机构数量	Number 数量：____7____
⊕ Number of teaching venues 下设教学点数量	Number 数量：____10____
⊕ Number of students in teaching venues 下设教学点学生数量	Student Number 人数：____2 300____

四、Sustainability 可持续性

➤ Please evaluate the sustainability of your Confucius Institute, according to the following factors, where applicable：

请根据以下相关因素评估您所在孔子学院的可持续性：

✓Infrastructure 基础设施	
¤ Physical infrastructure: office space, class rooms, library, technology (including multi-media classrooms), etc. 基础设施：办公室、教室、图书馆、科技（包括多媒体教室）等	
⊕ Dedicated area for offices 专用办公室(m²)	Offices 办公室：＿50＿
⊕ Dedicated area for classrooms 教学场地面积(m²)	Classrooms 教学场地：＿270＿
⊕ Shared area of classrooms 公用教室面积(m²)	Shared Classrooms 公用教室：＿100＿
⊕ Website 网站	YES 有☑　　NO 无☐
⊕ Dedicated area for library 专用图书室面积(m²)	Library 图书室：＿75＿
¤ Teaching resources (including basic teaching and office facilities and books) 教学资源(包括基本教学和办公设备、书籍)	YES 有☑　　NO 无☐
⊕ Teaching equipment 教学设备	Equipment 设备：多媒体教室两间
⊕ Volume of books in the library 孔子学院藏书册数	Volume of books 书册：＿3 000＿

✓Human resources 人力资源	
¤ Is the foreign Director a full time director? 外方院长是否专职?	YES 是☐　　　NO 否☑
¤ Is there a Chinese director? 目前是否有中方院长?	YES 有☑　　　NO 无☐
¤ Amount of Staff in charge of the administration 行政管理人员人数	No. of staff 管理/工作人员:＿＿2＿＿人
¤ Administrative staff(no. of staff, FT/PT ratio) 行政管理/工作人员人数(全职/兼职比例)	FT/PT ratio 全职/兼职比例:＿2＿/＿2＿
¤ Number of Chinese teachers 教师数量	¤ Local teachers 本土汉语教师: Now 目前在任:＿＿20＿＿人 Now and past 含目前和以往:＿＿40＿＿人 Now 目前在任:＿＿1＿＿人
¤ Teachers(no. of teachers,FT/PT ratio) 教师(人数、全职/兼职比例)	¤ Teachers sent by Hanban 汉办派遣教师: Now and past 含目前和以往:＿＿2＿＿人 ¤ Volunteers send by Hanban 汉办派遣志愿者: Now 目前在任:＿＿2＿＿人 Now and past 含目前和以往:＿＿4＿＿人 FT/PT ratio 全职/兼职比例:＿0＿/＿20＿

¤ Please provide CVs or biographies of the Director and senior staff of your Confucius Institute. Please describe how this personnel is evaluated within the structure of your host organization as against progress toward the accomplishment of your Confucius Institute's mission. 请提供孔子学院院长和高层管理人员的简历,并描述在实现孔子学院宗旨的过程中该人员的贡献是如何被主办机构所评估的。	Please attach separate sheets. 请另附纸。
¤ If there is an evaluation, please describe how the teachers and administrative staff dispatched by the Chinese partner are evaluated. 如果有,请描述对中国合作方派遣的教师和管理人员是如何使用和评估的。	

✓Operational Models and Management 运作模式和管理方式	
¤ Board meetings 理事会会议制度	YES 是☑　　　　NO 否☐ Frequency 开会频率:___1 年___
¤ Composition of board 理事会构成	Please attach separate sheets. 请另附纸。

¤ Annual work plans and implementation 每年的年度工作计划和执行情况	YES 是 ☑ NO 否 □ Please attach separate sheets. 请另附纸。
¤ Medium/long-term development plans 中长期发展规划	YES 是 ☑ NO 否 □ Please attach separate sheets. 请另附纸。
¤ Is there a regulation handbook available? If so, is it accessible to all board members and CI staffs? 是否有规章制度？理事会成员及工作人员是否能查阅此规章制度？	YES 是 ☑ NO 否 □

✓Finance-Income 财务-收入	
¤ To date，What other financial channels do you dispose of, in addition to Hanban's Input? What is the percentage of such resources against the entire funding to run the Institute? If you don't have such resources, do you have any plan of raising them? What is your plan? 迄今为止,除汉办资助外,你院其他筹资的渠道是什么？在孔子学院运行费中自筹资金的比例有多大？如果尚无自筹资金,今后有无这方面的可能性？你的计划是什么？	1. 学费收入 2. HSK 考试收入 3. 合作单位赞助 4. 大学支持 　 自筹资金占 25％ 5. 文化项目盈利 　 比如武术舞龙表演展览门票收入

☒ Investment from host institution during the past 5 years(Euro) 所在学校过去五年投入经费金额(欧元)	First year 第一年：＿＿＿＿＿＿ Second year 第二年：＿＿＿＿＿＿ Third year 第三年：256 333 Forth year 第四年：225 311 Fifth year 第五年：＿＿＿＿＿＿
☒ Income from programs and activities during the past 5 years(Euro) 过去五年,每年从项目和举办的活动中得到的收入(欧元)	First year 第一年：＿＿＿＿＿＿ Second year 第二年：＿＿＿＿＿＿ Third year 第三年：36 037 Forth year 第四年：40 937 Fifth year 第五年：＿＿＿＿＿＿
☒ Sponsors and donations, from non-Hanban sources during the past 5 Years(Euro) 过去五年,从非汉办途径获取的资助和捐赠(欧元)	First year 第一年：＿＿＿＿＿＿ Second year 第二年：＿＿＿＿＿＿ Third year 第三年：2 000 Forth year 第四年：2 700 Fifth year 第五年：＿＿＿＿＿＿

✓Finance-Expenditure 财务-支出(2018 年为例)	
☒ Labor cost(total amount and percentage) 劳务费(总数、所占比率)	Total amount 总数：193 008 欧元 Percentage 所占比率： 　　35.9　%
☒ Facility cost(total amount and percentage) 设备费(总数、所占比率)	Total amount 总数：13 230 欧元 Percentage 所占比率： 　　2.5　%

¤ Administration cost(total amount and percentage) 办公费(总数、所占比率)	Total amount 总数: 　88 775.2　欧元 Percentage 所占比率: 　16.5　％
¤ Cost for programs and events(total amount and percentage) 项目和活动费(总数、所占比率)	Total amount 总数: 　214 200.8 欧元 Percentage 所占比率: 　39.9　％

✓ Leveraging of Other Resources 其他资源的杠杆作用	
¤ Please describe the extent to which you leverage other resources in support of your Confucius Institute's mission, including but not limited to: 请描述您如何利用其他资源(包括、但不限于下述)支持孔子学院的使命:	
✿ From your host institution 利用主办机构	积极参加主办单位举办的各类大型活动,利用大学国际化平台和项目优势,扩大孔子学院影响力。
✿ From your local community 利用当地社区	和当地社区合作开展各类活动,既可以使用当地社区提供的博物馆、美术馆等活动场所,又可以利用社区的媒体资源扩大宣传,可加速孔子学院本土化发展。

✓Synergy with host organization 与主办机构协作	
¤ Please describe, if applicable, the extent to which your Confucius Institute programs work in synergy with any other programs of your host organization. 请描述孔子学院项目和主办机构其他项目的协作程度。	以 2018 年为例,孔子学院作为独立学院参加及共同举办以下主要活动:(1) 国家竞赛文化周;(2) 大学迎新活动;(3) 一带一路图片展;(4) 葡中跨文化研讨会等。每次活动,大学公共事业部负责场地布置、海报设计、印刷及活动宣传,校长办公室组织各系部之间协同合作。

✓Strategic Partnerships 战略伙伴	
¤ Please describe the extent to which your Confucius Institute engages in strategic partnerships with other Confucius Institutes or other organizations, and provide specific examples of such partnerships. 请描述您所在孔子学院和其他孔子学院或其他组织的战略伙伴关系,并提供具体实例。	以 2018 年为例,A 大学牵头 X 国各孔子学院举办了"中国孩子的书香世界绘本展"和"长江学者巡讲项目";与其他孔子学院协同举办了"朝圣之路·圣迹——从敦煌到伊比利亚"展览;与澳门科技中心举办了"A 站中国音乐研讨会";与教学点各地方政府合作举办各种文化庆典和文化展览。
¤ Do you plan to continue the above-described strategic partnership(s)in the future? If not, why not? 您打算要继续发展以上所描述的合作关系吗? 如果不打算继续,请说明原因。	未来,孔子学院将保持和以往合作伙伴的合作,互相搭台,共同发展。

☐ Do you plan to engage in other strategic partnerships during the next 3 years? If so, with whom and why? 在今后的三年中,您是否打算寻找新的合作伙伴? 如果"是",请说明与谁合作,为什么?	孔子学院将谋求更大的发展,在保证现有教学点教学质量和规模的基础上,稳步推进,寻求和当地各级政府间合作,实现孔子学院本土化发展。

✓Partnership between host organization and the University in China 中外方合作情况	
☐ Number of Staff dispatched by the Partner University in China 中方院校派出人数	YES 有☑ NO 无☐ Number 人数:___4 人___
☐ University exchange and mutual visit 校际交流和互访	Number of visits from foreign side 外方访华次数:___96 次___ Contents 主要内容:赴华夏令营,教育工作者访华团,孔子学院理事会 Number of visits from Chinese side 中方来访次数:___9 次___ Contents 主要内容:孔子学院揭牌、研讨会、校际访问
☐ Setting up "3+1" or "2+2" Chinese degree programs 支持与中方院校合作设立"3+1"或"2+2"汉语学位课程	YES 有☑ NO 无☐

Other joint programs conducted by the Confucius Institute 通过孔子学院开展的其他合作项目	Times 次数：＿＿3＿＿ Contents 主要内容：专家巡讲
Effectiveness of Cooperation mechanisms 合作互动机制顺畅	Well 好☑　　　Medium 中☐ Poorly 差☐
Chinese partner institution Receiving Summer Camp from Confucius institute 中方院校接待孔子学院夏令营	YES 有☑　　　NO 无☐ Times 次数：＿＿3＿＿ No. of people 人数：＿＿80＿＿
Chinese partner institution Sending Scholars to Confucius Institute to give lectures or participate the activities 中方院校派遣专家到孔子学院讲座或活动	YES 有☑　　　NO 无☐ Times 次数：＿＿1＿＿ No. of people 人数：＿＿3＿＿
Please describe the issues or problems with Chinese University partner, and give suggestions. 请描述在与中方合作中的问题，并提出建议。	合作顺畅

✓Partnership between host organization and Hanban 孔子学院总部项目执行情况	
Three Tours (Performance Tours, Exhibition Tour, Lecture Tour) 组织"三巡"（巡演、巡展、巡讲）	YES 有☑　　　NO 无☐ ⊕Performance Tours 巡演 　No. of audience 　观众人数：＿2 000＿ 　Times 场次：＿＿2＿＿

	⊕Exhibition Tour 巡讲 No. of audience 观众人数：__500__ Times 场次：__4__ ⊕Lecture Tour 巡展 No. of audience 观众人数：__3 000__ Times 场次：__6 场__
⋈"Chinese Bridge" Chinese language contest for college students "汉语桥"大学生中文比赛	YES 有☑　　　NO 无☐ No. of participants 选送人数：__4__ No. of awards 获奖人数：__1__
⋈"Chinese Bridge" Chinese language contest for college students "汉语桥"中学生中文比赛	YES 有☑　　　NO 无☐ No. of participants 选送人数：__10__ No. of awards 获奖人数：__1__
⋈Training of teaching materials and resources 教材及教学资源应用培训	YES 有☐　　　NO 无☑ No. of participants 选送人数：__0__
⋈Confucius Institute Online 网络孔子学院 ⋈Use the online material of Confucius Institute Frequently 经常使用网络孔子学院资源	YES 有☐　　　NO 无☑ YES 有☑　　　NO 无☐ Registered Users 注册人数：_20 名本土教师_

¤ Great Wall Chinese 是否开设《长城汉语》	YES 有☐　　　　NO 无☑
¤ Chinese Cultural Experience Center 是否配置文化体验中心	YES 有☐　　　　NO 无☑ Area 面积：＿＿0＿＿

五、知名度

➤Please describe the methods you employ to gain visibility for your Confucius institute and its work, including：

请描述您通过什么手段增强孔子学院和院工作的知名度,具体包括：

✓Strategy 策略	
¤ Please describe, if applicable, your overall strategy for gaining visibility for your Confucius Institute. 请描述您为增强孔子学院的知名度所采取的策略。	1. 立足大学,深入社区,加强和区各教学点所在市政府的多方合作; 2. 举办国际对话国际研讨会; 3. 举办高水准中国文化展览; 4. 创办校友会和校友会杂志。

✓Internal Resources 内部资源	
¤ Please describe the internal resources dedicated to gaining visibility for your Confucius Institute, including staff and budget. 请描述用于增强孔子学院知名度的内部资源,包括人员和经费。	1. 利用校友网络,获得多种资源; 2. 扩大孔子学院舞龙武术队知名度,先文化体验后汉语推广。

✓External Resources 外部资源	
¤Please describe the primary vehicles you use to gain visibility for your Confucius Institute, including： 请描述您为增强孔子学院知名度所使用的主要媒体，包括：	
⊕Print media (newspaper, magazines, newsletters, annual report, etc) 印刷媒体(报纸、杂志、新闻通讯、年度报告)	YES 有☑　　　　NO 无☐
⊕Radio/TV 广播/电视	YES 有☑　　　　NO 无☐ Times 次数：___80___
⊕Multi-media 多媒体	YES 有☑　　　　NO 无☐ Times 次数：___50___
⊕Advertisements 广告	YES 有☑　　　　NO 无☐ Times 次数：___10___
⊕Internet 互联网	YES 有☐　　　　NO 无☐ Times 次数：_____
⊕Please list some of the renowned media 请列出其中著名媒体名称	___X 国国家电视台、日报、中央电视台、新华社、人民日报___
¤Please describe in particular whether you utilize a Website to support, and gain visibility for, your Confucius Institute, and if so, describe： 请具体描述您是否使用网站支持和增强孔子学院的知名度。如果"是"，请描述： ⊕Content update frequency 内容更新频率	___随时更新___

✿Contents 内容	孔子学院及项目介绍,活动预告和报道
✿No. of monthly visitors 月度访问人数	200 人
✿No. of annual visitors 年度访问人数	2 000 人
✿Please provide your Website address 请提供网址	www. ua. pt/iconfucio
✿Please cite 3 examples that you think best reflect the visibility your Confucius Institute has gained over the past 3 years. 请举三个您认为有代表性的具体例子说明在过去的三年里孔子学院的知名度得到了增强。	1. 召开了两届跨文化对话国际研讨会。加强文化交流互鉴,增进两国学术交流,促进 A 大学孔子学院与周边市政厅在汉语教学与文化推广领域的合作与交流,对提升孔子学院在当地的知名度有积极意义。 2.《人民日报》、中央电视台、新华社记者团一行 6 人到 A 大学孔子学院进行采访,对 A 大学孔子学院汉语教学情况及发展过程,多样化推广中国文化进行全面、深入的报道。在为期三天的采访与交流中,记者团一行参观了 A 大学孔子学院,观摩了 A 大学武术课、下属教学点汉语课堂并采访了教学点负责人,采访了第十一届"汉语桥"世界中学生中文比赛"最佳创意奖"获得者、A 大学孔子学院学员及市长。 3. 举办端午龙舟节、参加欢庆春节、元宵节游园会、中秋节等活动,受到当地民众和媒体的广泛关注。

六、Flexible Indicators 机动指标

➤Please describe any additional factors that you think the Confucius Institute Headquarters/Hanban should take into account in order to properly evaluate the work of your Confucius Institute.

为更好地评估孔子学院的工作,请描述您认为孔子学院总部/汉办应该考虑的其他因素。

无

➤We would also like to find out any challenges and difficulties you might have encountered in managing your CI as well as any suggestions you may have.

我们也想知道您在运行孔子学院过程中遇到的挑战和困难是什么。请留下您的建议。

总部派遣汉语师资不足,本土教师少,培训工作繁重,教师队伍建设任重道远;适合当地汉语教学体系的教材少,教师备课量大,急需编撰本土教材。

第二节　B大学孔子学院自我评估办法

Name of Confucius Institute 孔子学院名称：＿＿＿＿＿＿B大学孔子学院＿＿＿＿＿＿

Agreement Signing Date 协议签署时间：＿＿＿＿201×年×月＿＿＿＿

Launch Date 启动运营时间：＿＿＿201×年×月××日＿＿＿

一、Guidelines 指导方针

In this self-assessment, you are asked to evaluate the overall accomplishments of your Confucius Institute against the following core criteria:

在本自我评估中,您需要在以下重点方面评估您所在孔子学院的工作成绩:

- Impact 影响力
- Sustainability 可持续性
- Visibility 知名度

Your self-assessment should include:您的自我评估应当包括:

- Qualitative self-assessment 质化自我评估
- Quantitative data, to the extent applicable, that supports your qualitative self-assessment

  量化数据,用以支持您的质性评估
- Feedback from participants 学员反馈
- Other feedback from neutral parties(awards, reviews, etc.)

  其他中立方的反馈(获奖、评论等)

Your self-assessment should be placed within the framework of the overall mission or focus of your particular Confucius Institute, and you should(as further detailed below) discuss any synergies you have developed with other Confucius Institutes or other programs that share your mission.

您的自我评估应当立足于您所在孔子学院的整体宗旨和服务重点的框架中,同时讨论您所在孔子学院与其他孔子学院或宗旨相关的项目间的关系及合作。

For all data related to this self-assessment form(i. e. number of students), please fill in the aggregate figure calculated for the past 5 years or since the Confucius Institute became operational. For special circumstances, please provide detailed explanation.

评估表中所涉及数据(如学生数量等),请填写过去五年或孔子学院启动运营以来的总和。如有特殊情况,请具体说明。

二、Framework 框架

Please state, in 30 words or less, the mission or focus of your Confucius Institute.

请在三十个字内说明您所在孔子学院的宗旨或服务重点。

将中文课输入当地中小学教育体系;举办高质展览和国际研讨会。

Please state, in 100 words or less, the strategy you are employing to accomplish your mission.

请在一百字内说明您为实现此宗旨所采用的策略。

采用策略为"一特色,两基地":

1. 以中医为特色:开设中医课程,建立杏林论坛,举办中医培训、国际会议等;

2. 中部地区汉语及中国文化推广基地:开设汉语课程,举办讲座、文化活动、中国美食工作坊;

3. 中医培训基地:开展中医国际行、卓越医师培训等,提升当地中医教育水平。

Please describe, in 100 words or less, your target audience: is it local, regional, national, global? If known, please generally describe your target audience's demographics (e.g., urban v. rural; heritage speakers; English language learners, etc.).

请在一百字内说明您的服务对象是地方的、地区的,全国的、还是全球的? 如果已定,请概括说明您的服务对象的人群组成(如:城市还是农村,祖先母语为汉语的学员还是英文为母语的学员等等)。

服务对象:主要面向 X 国,辐射欧洲

1. 汉语以 B 大学及附近学生、居民为主,中医学员来自 B 国全国乃至周边国家;

2. 来自 B 大学交换的学生,如伊拉姆斯项目学生;

3. 母语为 B 国语、英语的人群为主。

三、Impact 影响力

➢Please evaluate the impact of your Confucius Institute, according to the following factors, where applicable：

请根据以下相关因素评估您所在孔子学院的影响力：

✓Mandarin Language Programs 汉语项目	YES 有☑　　　NO 无☐
¤ Number of programs and classes 项目和课程数	Programs 项目数：　60 Classes 课程数：　12
¤ Number of enrolled students 注册学生总人数	Total 总人数：　411
¤ Level of teaching 教学层次	Preliminary courses 初级班：92.2　% Intermediate courses 中级班：5.3　% Advanced courses 高级班：2.5　%
¤ Percentage of students types taught 各类学生百分比	University/college 大学：51.7　% Secondary school 中学：0　% Primary school 小学：23.0　% Community members 社会人士：25.3　% Others 其他：0　%

¤ Percentage of class types 课程类型百分比	Credited classes 学分班：___50.4___ % Feature courses 特色班：___49.6___ % Other courses 其他班：___0___ %
¤ Level and number of teachers trained 培训各类教师的人数(大学、中学、小学)	University/college teachers 大学教师：___0___ Secondary school teachers 中学教师：___0___ Primary school teachers 小学教师：___0___
¤ Set up of test centers 汉语考试考点	YES 有☑ NO 无☐
¤ Tests 汉语考试 ⊕ Number of participants in the HSK, YCT, and BCT tests 汉语考试人数	HSK：No. of participants 人数：___15___ YCT：No. of participants 人数：___0___ BCT：No. of participants 人数：___0___
¤ Number of teaching materials developed 教材开发(套)	volumes ___0___ 套
¤ Number of teaching material promotion programs 教材推广活动次数	Times ___1___ 次

¤Online teaching 网上教学	Number of classes 班次：____0____ Total Number of students 学生人数：____0____ University/college students 大学生：____0____ Secondary school students 中学生：____0____ Primary school students 小学生：____0____
¤Do you issue certificates to qualified students and teachers? 您是否向合格学生/教师颁发毕业/结业证书？	YES 有☑ NO 无☐
¤Do you keep all students records and regularly update them on programs and classes? 您是否保存所有学生资料并按时与他们保持联系,通知他们新的课程？	YES 有☑ NO 无☐
¤Do you request feedback from your program participants? If Yes: 您索要参加者的反馈吗？ 如果是:	YES 有☑ NO 无☐
¤What percentage was positive? What percentage negative? 多少是正面的？多少是负面的？	Positive 正面：____100____％ Negative 负面：____0____％

✓Cultural Programs 文化　　　　YES 有☑　　　NO 无☐	
¤ Number of cultural activities 开展活动总次数(如：文化节、演出、展览、讲座、研讨会、各类比赛等)	Times 活动总次数：＿＿53＿＿
¤ Number of participants to the cultural activities 参加活动总人数	No. of people 人数：＿3 600＿
¤ Cultural Festivals 文化节	YES 有☑　　　　NO 无☐ Times 次数：＿＿1＿＿ No. of people 人数：＿＿80＿＿
¤ Performances 演出活动	YES 有☑　　　　NO 无☐ Times 次数：＿0＿ No. of people 人数：＿＿0＿
¤ Exhibition 展览	YES 有☑　　　　NO 无☐ Times 次数：＿3＿ No. of people 人数：＿2 210＿
¤ Seminars and cultural lectures 文化讲座、研讨会	YES 有☑　　　　NO 无☐ Times 次数：＿15＿ No. of people 人数：＿300＿
¤ Chinese language competitions 各类汉语类比赛	YES 有☑　　　　NO 无☐ Times 次数：＿1＿ No. of people 人数：＿＿1＿
¤ Do you request feedback from the participants of your cultural activities? If Yes, 您索要文化活动参加者的反馈吗？如果是：	YES 有☑　　　　NO 无☐

¤What is the percentage of positive feedback? What is the percentage of negative feedback? 多少是正面的？多少是负面的？	Positive 正面：＿＿100＿＿% Negative 负面：＿＿0＿＿%

✓China Programs 来华项目　　　　YES 有☑　　　　NO 无□	
¤Scholarship applicants to China 来华奖学金生	Number of students 人数：＿＿15＿＿
¤"Chinese Bridge" summer/winter camp to China "汉语桥"学生夏/冬令营	Number of students 人数：＿＿0＿＿ University/college students 大学生：＿＿0＿＿ Secondary school students 中学生：＿＿0＿＿ Primary school students 小学生：＿＿0＿＿
¤Other summer/winter camp to China 非"汉语桥"学生来华夏/冬令营团组	Number of students 人数：＿＿0＿＿ Times 次数＿＿0＿＿
¤"Chinese Bridge" principal delegation "汉语桥"校长团	Number of students 人数：＿＿0＿＿ Times 次数：＿＿0＿＿
¤Other principal delegation group 非"汉语桥"校长团来华团组	Number of students 人数：＿＿0＿＿ Times 次数：＿＿0＿＿

✓Community Engagement 社区带动	
¤Please describe the extent to which you leverage resources within your local community to support your programs. 请描述您如何利用本地社区资源支持您的项目	1. 加强与社区的联系,主动上门提供服务,比如组织"敬老爱老"系列活动。 2. 与培训机构积极合作,为企事业单位培训汉语与中国文化,如针对德鲁索格兰德酒店管理者开设的《商务汉语》。 3. 免费为本校教职员工及子女开设的"汉语与中国文化"和中医课程。 4. 为中小学开设汉语兴趣班,举办文化活动等。
¤Please describe support you provide, if any, to your local schools/colleges/universities, including: 请描述您对当地学校/学院/大学所提供的支持:	
⊕Training teachers 培训教师	YES 有☐ NO 无☑
⊕Dispatching teachers 派遣教师	YES 有☑ NO 无☐
⊕Designing programs 设计项目	YES 有☑ NO 无☐
⊕Giving presentations 演讲	YES 有☑ NO 无☐
⊕Organizing cultural activities 组织文化活动	YES 有☑ NO 无☐
⊕Setting up Confucius classrooms 孔子课堂数量	Number 数量___0___

⊕Number of students in affiliated Confucius classrooms 下设孔子课堂学生人数	Student Number 人数 ___0___
⊕Number of local partner organizations 　与当地建立合作关系的机构数量	Number 数量 ___5___
⊕Number of teaching venues 下设教学点数量	Number 数量 ___3___
⊕Number of students in teaching venues 下设教学点学生数量	Student Number 人数 ___90___

四、Sustainability 可持续性

➢Please evaluate the sustainability of your Confucius Institute, according to the following factors, where applicable：

请根据以下相关因素评估您所在孔子学院的可持续性：

✓Infrastructure 基础设施	
¤Physical infrastructure：Office space, class rooms, library, technology(including multi-media classrooms), etc. 基础设施：办公室、教室、图书馆、科技（包括多媒体教室）等	
⊕Dedicated area for offices 专用办公室(m²)	Offices 办公室：___100___
⊕Dedicated area for classrooms 教学场地面积(m²)	Classrooms 教学场地：___88___
⊕Shared area of classrooms 公用教室面积(m²)	Shared classrooms 公用教室：___40___

✤Website 网站 ✤Dedicated area for library 　专用图书室面积(m²)	YES 有☑　　　NO 无☐ Library 图书室：___20___
✤Teaching resources (including basic teaching and office facilities and books) 教学资源(包括基本教学和办公设备、书籍) ✤Teaching equipment 　教学设备 ✤Volume of books in the library 　孔子学院藏书册数	YES 有☑　　　NO 无☐ Equipment 设备：电脑、电视、白板等 Volume of books 书(册)：2 204 册

✓Human resources 人力资源	
✤Is the foreign director a full time director? 　外方院长是否专职？	YES 是☑　　　NO 否☐
✤Is there a Chinese director? 　目前是否有中方院长？	YES 有☑　　　NO 无☐
✤Amount of staff in charge of the administration 　行政管理人员人数	No. of staff 管理/工作人员：___1___人
✤Administrative staff(no. of staff, FT/PT ratio) 　行政管理/工作人员人数(全职/兼职比例)	FT/PT ratio 全职/兼职比例：_1_ / _0_
✤Number of Chinese teachers 　教师数量	✤Local teachers 　本土汉语教师： 　Now 目前在任：___1___人 　Now and past 　含目前和以往：___1___人

	Now 目前在任：＿＿1＿＿人 ¤ Teachers sent by Hanban 汉办派遣教师： Now and past 含目前和以往：＿＿4＿＿人 ¤ Volunteers send by Hanban 汉办派遣志愿者： Now 目前在任：＿＿1＿＿人 Now and past 含目前和以往：＿＿2＿＿人 FT/PT ratio 全职/兼职比例：＿4＿/＿1＿
¤ Please provide CVs or biographies of the director and senior staff of your Confucius Institute. Please describe how this personnel is evaluated within the structure of your host organization as against progress toward the accomplishment of your Confucius Institute's mission. 请提供孔子学院院长和高层管理人员的简历，并描述在实现孔子学院宗旨的过程中该人员的贡献是如何被主办机构所评估的。	Please attach separate sheets. 请另附纸。
¤ If there is an evaluation, please describe how the teachers and administrative staff dispatched by the Chinese partner are evaluated. 如果有，请描述对中国合作方派遣的教师和管理人员是如何使用和评估的。	1. 定期召开院务会及教学研讨会，并制定了孔子学院教师分工和值班制度、教师听课制度； 2. 每门课程结束进行学生评价，并作为教师年度考核依据之一。

✓Operational Models and Management 运作模式和管理方式	
¤Board meetings 理事会会议制度	YES 是☑　　NO 否☐ Frequency 开会频率：__1 年__
¤Composition of board 理事会构成	Please attach separate sheets. 请另附纸。
¤Annual work plans and implementation 每年的年度工作计划和执行情况	YES 是☑　　NO 否☐ Please attach separate sheets. 请另附纸。
¤Medium/long-term development plans 中长期发展规划	YES 是☑　　NO 否☐ Please attach separate sheets. 请另附纸。
¤Is there a regulation handbook available? If so, is it accessible to all board members and CI staffs? 是否有规章制度？理事会成员及工作人员是否能查阅此规章制度？	YES 是☑　　NO 否☐

✓Finance- Income 财务-收入	
¤To date, What other financial channels do you dispose of, in addition to Hanban's Input? What is the percentage of such resources against the entire funding to run the Institute? If you don't have such resources, do you have any plan of raising them? What is your plan?	因孔子学院开办时间短，筹资渠道有限，主要有： 1. 孔子学院学费收入，如《汉语与中国文化》《中医养生与保健》《少儿汉语》《商务汉语》等学费，约 4 000 欧元。 2. 大学的经费投入，每年约 4 万欧元。

迄今为止,除汉办资助外,你院其他筹资的渠道是什么? 在孔子学院运行费中自筹资金的比例有多大? 如果尚无自筹资金,今后有无这方面的可能性? 你的计划是什么?	3. HSK 考试收入。 　　综合以上,自筹经费占孔子学院总经费约 75%。
¤ Investment from host institution during the past 5 years(Euro) 所在学校过去五年投入经费金额(欧元)	First year 第一年: 44 000 Second year 第二年: 44 000 Third year 第三年: 44 000 Forth year 第四年: ＿＿＿ Fifth year 第五年: ＿＿＿
¤ Income from programs and activities during the past 5 years(Euro) 过去五年,每年从项目和举办的活动中得到的收入(欧元)	First year 第一年: 0 Second year 第二年: 9 245 Third year 第三年: 4 455 Forth year 第四年: ＿＿＿ Fifth year 第五年: ＿＿＿
¤ Sponsors and donations,from non-Hanban sources during the past 5 Years(Euro) 过去五年,从非汉办途径获取的资助和捐赠(欧元)	First year 第一年: 0 Second year 第二年: 0 Third year 第三年: 0 Forth year 第四年: ＿＿＿ Fifth year 第五年: ＿＿＿

✓Finance-Expenditure 财务-支出	
¤ Labor cost(total amount and percentage) 劳务费(总数、所占比率)	Total amount 总数:93 156.85 欧元 Percentage 所占比率: 65.92 %

✡ Facility cost(total amount and percentage) 设备费(总数、所占比率)	Total amount 总数:4 298.18 欧元 Percentage 所占比率: 3.04 %
✡ Administration cost(total amount and percentage) 办公费(总数、所占比率)	Total amount 总数:15 763.58 欧元 Percentage 所占比率: 11.15 %
✡ Cost for programs and events(total amount and percentage) 项目和活动费(总数、所占比率)	Total amount 总数:28 096.03 欧元 Percentage 所占比率: 19.89 %

✓Leveraging of Other Resources 其他资源的杠杆作用	
✡ Please describe the extent to which you leverage other resources in support of your Confucius Institute's mission, including but not limited to: 请描述您如何利用其他资源(包括、但不限于下述)支持孔子学院的使命:	
✦ From your host institution 利用主办机构	1. 中外方主办院校派遣中外方院长、教师、工作人员、志愿者; 2. 外方提供场地、设备; 3. 中方主办院校提供来华奖学金的有关费用。
✦ From your local community 利用当地社区	1. 赴社区讲座、展览等; 2. 帮助招生、宣传,扩大孔子学院影响力。

✓Synergy with host organization 与主办机构协作	
☐Please describe, if applicable, the extent to which your Confucius Institute programs work in synergy with any other programs of your host organization. 请描述孔子学院项目和主办机构其他项目的协作程度。	1. 与经济学院合作,开设"商务汉语"课程; 2. 与教育心理学院合作,为研究生提供实习岗位; 3. 协助法学院与中国社会科学院密切合作,并建立中国 X 国语国家研究院。

✓Strategic Partnerships 战略伙伴	
☐Please describe the extent to which your Confucius Institute engages in strategic partnerships with other Confucius Institutes or other organizations, and provide specific examples of such partnerships. 请描述您所在孔子学院和其他孔子学院或其他组织的战略伙伴关系,并提供具体实例。	1. 为 X 国其他孔子学院开设中医课程、举办中医讲座、进行中医培训等,如与里斯本药学院、葡萄牙中医院校合作,举办相关中医、中药知识讲座; 2. 与培训机构合作,为企事业单位员工培训,如针对德鲁索格兰德酒店管理者开设的《商务汉语》; 3. 与中小学合作,开设有关汉语与中国文化课程,如在若昂小学开设的《少儿汉语1》。 4. 与当地中医组织组织"中医 X 国行"。

☐Do you plan to continue the above-described strategic partnership（s）in the future? If not, why not? 您打算要继续发展以上所描述的合作关系吗？如果不打算继续，请说明原因。	继续发展以上合作关系，并逐步拓展,夯实合作关系。
☐Do you plan to engage in other strategic partnerships during the next 3 years? If so, with whom and why? 在今后的三年中，您是否打算寻找新的合作伙伴？如果"是"，请说明与谁合作,为什么？	1. 今后打算与大学其他机构、当地政府部门、教育部门、健康部门、卫生部门等合作,拓展在医药领域的科研、教学等合作。 2. 与当地中小学合作,扩大教学点,拓展汉语教学和文化教学点,增加 HSK 考试人数等。

✓Partnership between host organization and the University in China 中外方合作情况	
☐Number of Staff dispatched by the Partner University in China 中方院校派出人数	YES 有☑ NO 无☐ Number 人数：___6 人___
☐University exchange and mutual visit 校际交流和互访	Number of visits from foreign side 外方访华次数：___10 次___ Contents 主要内容:校际合作、理事会、孔子学院大会等 Number of visits from Chinese side 中方来访次数：___6 次___ Contents 主要内容:校际合作、理事会、孔子学院大会等

¤ Setting up "3＋1" or "2＋2" Chinese degree programs 支持与中方院校合作设立"3＋1"或"2＋2"汉语学位课程	YES 有□　　　　NO 无☑
¤ Other joint programs conducted by the Confucius Institute 通过孔子学院开展的其他合作项目	Times 次数：＿＿4＿＿ Contents 主要内容：<u>中国研究中心、中国葡语国家研究院、暑期医学生校际交流、中医教材翻译项目等</u>
¤ Effectiveness of Cooperation mechanisms 合作互动机制顺畅	Well 好☑　　　Medium 中□ Poorly 差□
¤ Chinese partner institution Receiving summer camp from Confucius institute 中方院校接待孔子学院夏令营	YES 有☑　　　　NO 无□ Times 次数：＿＿1＿＿ No. of people 人数：＿＿15＿
¤ Chinese partner institution sending scholars to Confucius Institute to give lectures or participate the activities 中方院校派遣专家到孔子学院讲座或活动	YES 有☑　　　　NO 无□ Times 次数：＿＿3＿＿ No. of people 人数：＿＿30＿
¤ Please describe the issues or problems with Chinese university partner, and give suggestions. 请描述在与中方合作中的问题，并提出建议。	1. 加强互动，创造交流与合作的空间和机会。 2. 中方院校在资金方面能给予一定的资助。

✓Partnership between host organization and Hanban 孔子学院总部项目执行情况	
¤ Three Tours (Performance Tours, Exhibition Tour,Lecture Tour) 组织"三巡"(巡演、巡展、巡讲)	YES 有☑　　　NO 无☐ ⊕ Performance Tours 巡演 　No. of audience 　观众人数：＿＿0＿＿ 　Times 场次：＿＿0＿＿ ⊕ Exhibition Tour 巡讲 　No. of audience 　观众人数：＿＿50＿＿ 　Times 场次：＿＿1＿＿ ⊕ Lecture Tour 巡展 　No. of audience 　观众人数：＿2 000＿ 　Times 场次：＿＿2＿＿
¤ "Chinese Bridge" Chinese language contest for college students "汉语桥"大学生中文比赛	YES 有☑　　　NO 无☐ No. of participants 选送人数：＿＿1＿＿ No. of awards 获奖人数：＿＿1＿＿
¤ "Chinese Bridge" Chinese language contest for college students "汉语桥"中学生中文比赛	YES 有☐　　　NO 无☑ No. of participants 选送人数：＿＿0＿＿ No. of awards 获奖人数：＿＿0＿＿

¤ Training of teaching materials and resources 教材及教学资源应用培训	YES 有□ NO 无☑ No. of participants 选送人数：＿＿0＿＿
¤ Confucius Institute Online 网络孔子学院 ¤ Use the online material of Confucius Institute frequently 经常使用网络孔子学院资源	YES 有☑ NO 无□ YES 有□ NO 无☑ Registered User 注册人数：＿＿0＿＿
¤ Great Wall Chinese 是否开设《长城汉语》 ¤ Chinese Cultural Experience Center 是否配置文化体验中心	YES 有□ NO 无☑ YES 有□ NO 无☑ Area 面积：＿＿0＿＿

五、知名度

➢Please describe the methods you employ to gain visibility for your Confucius institute and its work, including：

请描述您通过什么手段增强孔子学院和院工作的知名度，具体包括：

✔Strategy 策略	
¤ Please describe, if applicable, your overall strategy for gaining visibility for your Confucius Institute. 请描述您为增强孔子学院的知名度所采取的策略。	1. 加强与校宣传部门的合作，对孔子学院活动及时报道和宣传；参与学校招生宣传等。 2. 加强与校内其他部门的合作，开设课程、举办文化活动等； 3. 加强与社区的合作，如开设课程，举办活动等； 4. 利用报纸等媒体作为宣传的平台。

✓Internal Resources 内部资源	
✡Please describe the internal resources dedicated to gaining visibility for your Confucius Institute, including staff and budget. 请描述用于增强孔子学院知名度的内部资源,包括人员和经费。	1. 免费培训学校工作人员,招募实习生和志愿者等。 2. 经费:主要支出活动材料费、交通费等。

✓External Resources 外部资源	
✡Please describe the primary vehicles you use to gain visibility for your Confucius Institute, including: 请描述您为增强孔子学院知名度所使用的基本媒介,包括:	
✣Print media (newspaper, magazines, newsletters, annual report, etc) 印刷媒体(报纸、杂志、新闻通讯、年度报告)	YES 有☑　　　NO 无☐
✣Radio/TV 广播/电视	YES 有☐　　　NO 无☑ Times 次数:___0___
✣Multi-media 多媒体	YES 有☑　　　NO 无☐ Times 次数:___1___
✣Advertisements 广告	YES 有☑　　　NO 无☐ Times 次数:___1___
✣Internet 互联网	YES 有☐　　　NO 无☐ Times 次数:__50 次以上__
✣Please list some of the renowned media 请列出其中著名媒体名称	X 报、XNewspaper

♯Please describe in particular whether you utilize a website to support, and gain visibility for your Confucius Institute, and if so, describe: 请具体描述您是否使用网站支持和增强孔子学院的知名度。如果"是",请描述: ♯Content update frequency 内容更新频率 ♯Contents 内容 ♯No. of monthly visitors 月度访问人数 ♯No. of annual visitors 年度访问人数 ♯Please provide your website address 请提供网址	校园官方网站、脸书主页、微信公众号等。 平均每周 5 次 课程广告、活动介绍、文化知识分享、孔子学院新闻 500 人 6 000 人 孔子学院:www. uc. pt/instituto-confucio 脸书:www. facebook. com/Instituto Confucio 微信:UCCI_2018
♯Please cite 3 examples that you think best reflect the visibility your Confucius Institute has gained over the past 3 years. 请举三个您认为有代表性的具体例子说明在过去的三年里孔子学院的知名度得到了增强。	1. 建立"杏林论坛":2018 年 10 月 2 日开讲以来,"杏林论坛"于每两周举行一个中医类专题讲座,在 X 国中医爱好者、学者中有较大影响。 2. 参与教育展览会:孔子学院参加了 4 月 3 日至 6 日在里斯本举行的 X 国教育展览会。通过参展,吸引了众多对汉语和中国文化感兴趣的青年学子,使更多的当地民众了解了孔子学院,激发了

	他们的学习动力。
	3. 举办"中 X 首届中医药国际学术会议"：将于 6 月 14、15 日召开，参会学者来自多个国家，对中医文化乃至孔子学院的宣传将起到重要的作用。

六、Flexible Indicators 机动指标

➤Please describe any additional factors that you think the Confucius Institute Headquarters/Hanban should take into account in order to properly evaluate the work of your Confucius Institute.

为更好地评估孔子学院的工作，请描述您认为孔子学院总部/汉办应该考虑的其他因素。

1. 是否设立汉语及相关专业，设置年限等。 2. 办学特色、地域因素。

➤We would also like to find out any challenges and difficulties you might have encountered in managing your CI as well as any suggestions you may have.

我们也想知道您在运行孔子学院过程中遇到的挑战和困难是什么。请留下您的建议。

1. 缺少专业支撑 　　B 大学目前没有汉语言文学本科专业，孔子学院的汉语与中国文化教学只是兴趣班，造成一些困难： 　　(1) 生源无法得到保证，学生学习的随意性很大，往往学完初级后，到中级、高级阶段学生流失严重； 　　(2) 参加 HSK 考试的学生和汉语桥比赛的学生相应地较少；

（3）学生自主学习时间很少，影响学习效果。

2. 物资购买渠道有待拓宽

很多孔子学院所需物资由于在当地无法买到，需要从中国采购，希望学校财务制度能考虑这一特殊情况，对孔子学院这样的中外合办机构能特殊情况特殊处理，准许从中国采购部分物资并给以报销。

3. 劳务费支出

根据 X 国法律，目前大学无法给孔子学院聘请专家、志愿者提供相应劳务报酬。

第三节　C 大学孔子学院自我评估办法

Name of Confucius Institute 孔子学院名称：_____C 大学孔子学院_____

Agreement Signing Date 协议签署时间：_____201×年×月_____

Launch Date 启动运营时间：_____201×年×月××日_____

一、Guidelines 指导方针

In this self-assessment, you are asked to evaluate the overall accomplishments of your Confucius Institute against the following core criteria：

在本自我评估中，您需要在以下重点方面评估您所在孔子学院的工作成绩：

• Impact 影响力

• Sustainability 可持续性

• Visibility 知名度

Your self-assessment should include：您的自我评估应当包括：

• Qualitative self-assessment 质性自我评估

• Quantitative data, to the extent applicable, that supports your qualitative self-assessment 量化数据，用以支持您的质性评估

- Feedback from participants 学员反馈
- Other feedback from neutral parties(awards, reviews, etc.)其他中立方的反馈(获奖、评论等)

Your self-assessment should be placed within the framework of the overall mission or focus of your particular Confucius Institute, and you should(as further detailed below)discuss any synergies you have developed with other Confucius Institutes or other programs that share your mission.

您的自我评估应当立足于您所在孔子学院的整体宗旨和服务重点的框架中，同时讨论您所在孔子学院与其他孔子学院或宗旨相关的项目间的关系及合作。

For all data related to this self-assessment form(i. e. number of students), please fill in the aggregate figure calculated for the past 5 years or since the Confucius Institute became operational. For special circumstances, please provide detailed explanation.

评估表中所涉及数据(如学生数量等)，请填写过去五年或孔子学院启动运营以来的总和。如有特殊情况，请具体说明。

二、Framework 框架

Please state, in 30 words or less, the mission or focus of your Confucius Institute.
请在三十个字内说明您所在孔子学院的宗旨或服务重点。

1. 在 C 市大区开展汉语教学,组织汉语考试以实现在欧洲地区的汉语国际推广。

2. 在 C 市大区通过组织文化活动,传播中国文化,促进中西文化经济贸易交流。

Please state, in 100 words or less, the strategy you are employing to accomplish your mission.

请在一百字内说明您为实现此宗旨所采用的策略。

开设汉语与中国文化课程,包括成人与少儿汉语课程,以及太极与中国传统舞蹈等特色课程,通过教学活动推广汉语,传播中国文化。

组织系列中国文化活动,包括节庆文化以及中国问题专题学术讲座。

利用孔子学院所在大学资源,在孔子学院所在的 4 个校区定期举办"汉语角"活动,增加欧洲学生对中国的了解,并与中国留学生结成语言学习伙伴和朋友。

与当地政府和文化机构建立合作伙伴关系,在 C 市大区图书馆定期举办"中国文化体验工作坊"吸引当地市民了解中国和中国文化。

Please describe, in 100 words or less, your target audience: is it local, regional, national, global? If known, please generally describe your target audience's demographics (e.g., urban v. rural; heritage speakers; English language learners, etc.).

请在一百字内说明您的服务对象是地方的、地区的,全国的、还是全球的? 如果已定,请概括说明您的服务对象的人群组成(如:城市还是农村,祖先母语为汉语的学员还是英文为母语的学员等等)。

1. 孔子学院服务对象主要面向 C 市大区,同时辐射周边地区社会人群和组织。

2. 孔子学院服务对象的人群构成主要包括该大区的大学生、中学生、小学生和社会人士。以城市人群为主,母语为 C 市母语的 C 市人为主,也包括该大区的华人和当地华人子弟。

三、Impact 影响力

➢Please evaluate the impact of your Confucius Institute, according to the following factors, where applicable:

请根据以下相关因素评估您所在孔子学院的影响力:

✓Mandarin Language Programs 汉语项目	YES 有☑ NO 无☐
¤ Number of programs and classes 项目和课程数	Programs 项目数：___6___ Classes 课程数：___14___
¤ Number of enrolled students 注册学生总人数	Total 总人数：___474___
¤ Level of teaching 教学层次	Preliminary courses 初级班：__61.5__ % Intermediate course 中级班：__34.6__ % Advanced courses 高级班：__3.9__ %
¤ Percentage of students types taught 各类学生百分比	University/college 大学：__10.2__ % Secondary school 中学：__27.2__ % Primary school 小学：__38.2__ % Community member 社会人士：__24.4__ % Others 其他：___0___ %
¤ Percentage of class types 课程类型百分比	Credited classes 学分班：__78.1__ % Feature courses 特色班：__21.9__ % Other courses 其他班：___0___ %

¤ Level and number of teachers trained 　培训各类教师的人数(大学、中学、小学)	University/college teachers 大学教师：____9____ Secondary school teachers 中学教师：____9____ Primary school teachers 小学教师：____9____
¤ Set up of test centers 汉语考试考点	YES 有☑　　　　NO 无☐
¤ Tests 汉语考试 ✤ Number of participants in the HSK, YCT, and BCT tests 汉语考试人数	HSK：No. of participants 人数：____49____ YCT：No. of participants 人数：____30____ BCT：No. of participants 人数：____0____
¤ Number of teaching materials developed 教材开发(套)	Volumes ____0____ 套
¤ Number of teaching material promotion programs 教材推广活动次数	Times ____8____ 次
¤ Online teaching 网上教学	Number of classes 班次：____0____ Total Number of students 学生人数：____0____ University/college students 大学生：____0____ Secondary school students 中学生：____0____ Primary school students 小学生：____0____

¤Do you issue certificates to qualified students and teachers? 您是否向合格学生/教师颁发毕业/结业证书?	YES 有☑ NO 无☐
¤Do you keep all students records and regularly update them on programs and classes? 您是否保存所有学生资料并按时与他们保持联系,通知他们新的课程?	YES 有☑ NO 无☐
¤Do you request feedback from your program participants? If Yes: 您索要参加者的反馈吗? 如果是:	YES 有☑ NO 无☐
¤What percentage was positive? What percentage negative? 多少是正面的? 多少是负面的?	Positive 正面:____100____% Negative 负面:_____0_____%

✓Cultural Programs 文化 YES 有☑	NO 无☐
¤Number of cultural activities 　开展活动总次数(如:文化节、演出、展览、讲座、研讨会、各类比赛等) ¤Number of participants to the cultural activities 　参加活动总人数	Times 活动总次数:____44____ No. of people 人数:___8 000___

¤ Cultural festivals 文化节	YES 有 ☑　　　　NO 无 □ Times 次数：＿＿3＿＿ No. of people 人数：＿300＿
¤ Performances 演出活动	YES 有 ☑　　　　NO 无 □ Times 次数：＿＿8＿＿ No. of people 人数：＿5 000＿
¤ Exhibition 展览	YES 有 ☑　　　　NO 无 □ Times 次数：＿＿3＿＿ No. of people 人数：＿700＿
¤ Seminars and cultural lectures 　文化讲座、研讨会	YES 有 ☑　　　　NO 无 □ Times 次数：＿28＿ No. of people 人数：＿1 600＿
¤ Chinese language competitions 　各类汉语类比赛	YES 有 ☑　　　　NO 无 □ Times 次数：＿＿3＿＿ No. of people 人数：＿600＿
¤ Do you request feedback from the participants of your cultural activities? If Yes, 　您索要文化活动参加者的反馈吗？如果是：	YES 有 ☑　　　　NO 无 □
¤ What is the percentage of positive feedback? What is the percentage of negative feedback? 　多少是正面的？多少是负面的？	Positive 正面：＿100＿％ Negative 负面：＿0＿％

✓China Programs 来华项目　　YES 有☑　　NO 无☐	
¤ Scholarship applicants to China 来华奖学金生	Number of students 人数：＿＿2＿＿
¤ "Chinese Bridge" summer/winter camp to China "汉语桥"学生夏/冬令营	Number of students 人数：＿＿0＿＿ University/college students 大学生：＿＿20＿＿ Secondary school students 中学生：＿＿0＿＿
¤ Other summer/winter camp to China 非"汉语桥"学生来华夏/冬令营团组	Primary school students 小学生：＿＿0＿＿ Number of students 人数：＿＿20＿＿
¤ "Chinese Bridge" principal delegation "汉语桥"校长团	Times 次数：＿＿1＿＿ Number of students 人数：＿＿0＿＿
¤ Other principal delegation group 非"汉语桥"校长团来华团组	Times 次数：＿＿0＿＿ Number of students 人数：＿＿3＿＿ Times 次数：＿＿1＿＿

✓Community Engagement 社区带动	
¤ Please describe the extent to which you leverage resources within your local community to support your programs. 请描述您如何利用本地社区资源支持您的项目。	1. 利用卡斯蒂利亚-拉曼查大区图书馆的活动场地和网络宣传资源,开展孔子学院的中国文化体验工作坊以及中国文化专题讲座。

	2. 利用托莱多市政府的文化公告栏每月发布孔子学院文化活动海报和信息。 3. 邀请托莱多、雷阿尔城、阿尔巴塞特市和塔拉维拉市政府官员,包括市长、文化局和旅游局局长参加孔子学院重大文化活动并邀请他们致辞。 4. 当地媒体,包括报纸、电视电台和电子媒体保持密切联系,这些当地主流媒体均积极正面报道孔子学院的重大活动。
¤ Please describe support you provide, if any, to your local schools/colleges/universities, including: 请描述您对当地学校/学院/大学所提供的支持:	
✤ Training teachers 培训教师	YES 有□　　NO 无☑
✤ Dispatching teachers 派遣教师	YES 有☑　　NO 无□
✤ Designing programs 设计项目	YES 有☑　　NO 无□
✤ Giving presentations 演讲	YES 有☑　　NO 无□
✤ Organizing cultural activities 组织文化活动	YES 有☑　　NO 无□
✤ Setting up Confucius classrooms 孔子课堂数量	Number 数量:＿＿0＿＿
✤ Number of students in affiliated confucius classrooms 下设孔子课堂学生人数	Student number 人数:＿＿0＿＿

⊕Number of local partner organizations 　　与当地建立合作关系的机构数量	Number 数量：___3___
⊕Number of teaching venues 　　下设教学点数量	Number 数量：___3___
⊕Number of students in teaching venues 　　下设教学点学生数量	Student number 人数：___280__

四、Sustainability 可持续性

➢Please evaluate the sustainability of your Confucius Institute, according to the following factors, where applicable：

请根据以下相关因素评估您所在孔子学院的可持续性：

✓Infrastructure 基础设施	
¤Physical infrastructure：office space, class rooms, library, technology(including multi-media classrooms), etc. 基础设施:办公室、教室、图书馆、科技(包括多媒体教室)等	
⊕Dedicated area for offices 专用办公室(m²)	Offices 办公室：___450___
⊕Dedicated area for classrooms 教学场地面积(m²)	Classrooms 教学场地：___170__
⊕Shared area of classrooms 公用教室面积(m²)	Shared classrooms 公用教室：___300___
⊕Website 网站	YES 有☑　　　NO 无☐
⊕Dedicated area for library 专用图书室面积(m²)	Library 图书室：___0___

¤Teaching resources (including basic teaching and office facilities and books) 教学资源(包括基本教学和办公设备、书籍) ⊕Teaching equipment 教学设备 ⊕Volume of books in the library 孔子学院藏书册数	YES 有☑　　　　NO 无☐ Equipment 设备：＿＿24＿＿ Volume of books 书册：＿3 418＿

✓Human resources 人力资源	
¤Is the foreign director a full time director? 外方院长是否专职?	YES 是☐　　　　NO 否☑
¤Is there a Chinese director? 目前是否有中方院长?	YES 有☑　　　　NO 无☐
¤Amount of staff in charge of the administration 行政管理人员人数	No. of staff 管理/工作人员：＿＿3＿＿人
¤Administrative staff (no. of staff, FT/PT ratio) 行政管理/工作人员人数(全职/兼职比例)	FT/PT ratio 全职/兼职比例：_1_ / _2_
¤Number of Chinese teachers 教师数量	¤Local teachers 本土汉语教师： Now 目前在任：＿＿1＿＿人 Now and past 含目前和以往：＿＿1＿＿人 Now 目前在任：＿＿1＿＿人 ¤Teachers sent by Hanban 汉办派遣教师： Now and past 含目前和以往：＿＿1＿＿人

¤ Teachers（no. of teachers，FT/PT ratio） 教师（人数、全职/兼职比例）	¤ Volunteers send by Hanban 汉办派遣志愿者： Now 目前在任：＿＿4＿＿人 Now and past 含目前和以往：＿＿7＿＿人 FT/PT ratio 全职/兼职比例：＿9＿/＿1＿
¤ Please provide CVs or biographies of the Director and senior staff of your Confucius Institute. Please describe how this personnel is evaluated within the structure of your host organization as against progress toward the accomplishment of your Confucius Institute's mission. 请提供孔子学院院长和高层管理人员的简历，并描述在实现孔子学院宗旨的过程中该人员的贡献是如何被主办机构所评估的。	Please attach separate sheets. 请另附纸。 附件1 A. 孔子学院理事会成员简历 B. 理事会成员对孔院的贡献
¤ If there is an evaluation, please describe how the teachers and administrative staff dispatched by the Chinese partner are evaluated. 如果有，请描述对中国合作方派遣的教师和管理人员是如何使用和评估的。	附件2 A. 中方人员使用和评估说明 B. 中方院长考核表（年度与月度） C. 公派教师年度考核表 D. 志愿者汉语教师任期考核表

✓Operational Models and Management 运作模式和管理方式	
¤Board meetings 理事会会议制度	YES 是☑　　　　NO 否☐ Frequency 开会频率：一年一次
¤Composition of board 理事会构成	Please attach separate sheets. 请另附纸。
¤Annual work plans and implementation 每年的年度工作计划和执行情况	YES 是☑　　　　NO 否☐ Please attach separately. 请另附纸
¤Medium/long-term development plans 中长期发展规划	YES 是☑　　　　NO 否☐ Please attach separate sheets. 请另附纸。
¤Is there a regulation handbook available? If so, is it accessible to all board members and CI staffs? 是否有规章制度？理事会成员及工作人员是否能查阅此规章制度？	YES 是☑　　　　NO 否☐

✓Finance- Income 财务-收入	
¤To date, What other financial channels do you dispose of, in addition to Hanban's Input? What is the percentage of such resources against the entire funding to run the Institute? If you don't have such resources, do you have any plan of raising them? What is your plan? 迄今为止,除汉办资助外,你院其他筹资的渠道是什么？在孔子学院运行费中自筹资金的比例有多大？如果尚无自筹资金,今后有无这方面的可能性？你的计划是什么？	孔子学院自筹经费的主要渠道有： 1. 孔子学院所在大学的投入,包括人员费、场地费、技术人员和保洁人员和技术设备支持和物管费。 2. 孔子学院开设课程的注册学员的学费收入。 3. 当地合作伙伴的活动场地设备和宣传费支持。 自筹资金在孔子学院运行经费中所占比例为 55.94％。

☐ Investment from host institution during the past 5 years(Euro) 所在学校过去五年投入经费金额(欧元)	First year 第一年:9 211 Second year 第二年:92 760 Third year 第三年:_____ Forth year 第四年:_____ Fifth year 第五年:_____
☐ Income from programs and activities during the past 5 years(Euro) 过去五年,每年从项目和举办的活动中得到的收入(欧元)	First year 第一年:18 936 Second year 第二年:19 090 Third year 第三年:_____ Forth year 第四年:_____ Fifth year 第五年:_____
☐ Sponsors and donations,from non-Hanban sources during the past 5 Years(Euro) 过去五年,从非汉办途径获取资助和捐赠(欧元)	First year 第一年:____0____ Second year 第二年:4 900 Third year 第三年:_____ Forth year 第四年:_____ Fifth year 第五年:_____

✓Finance-Expenditure 财务-支出	
☐ Labor cost(total amount and percentage) 劳务费(总数、所占比率)	Total amount: 总数:101 358.21 欧元 Percentage 所占比率:__58.5__ %
☐ Facility cost(total amount and percentage) 设备费(总数、所占比率)	Total amount 总数:20 791.99 欧元 Percentage 所占比率:____12____ %

¤ Administration cost (total amount and percentage) 办公费(总数、所占比率)	Total amount 总数:22 557.38 欧元 Percentage 所占比率:＿＿13＿＿％
¤ Cost for programs and events (total amount and percentage) 项目和活动费(总数、所占比率)	Total amount 总数:28 493.96 欧元 Percentage 所占比率:＿＿16.5＿＿％

✓Leveraging of Other Resources 其他资源的杠杆作用	
¤ Please describe the extent to which you leverage other resources in support of your Confucius Institute's mission, including but not limited to: 请描述您如何利用其他资源(包括、但不限于下述)支持孔子学院的使命:	
✛ From your host institution 利用主办机构	孔子学院所在大学为孔子学院提供办公场地、专用教室、共用教室、文化活动和学术讲座活动场地与技术保洁人员和设备支持,提供大学局域网办公系统以及大学与当地主流媒体合作沟通渠道和平台。
✛ From your local community 利用当地社区	当地社会为孔子学院组织的文化活动提供场地、技术人员支持与媒体宣传渠道。

✓Synergy with host organization 与主办机构协作	
¤Please describe, if applicable, the extent to which your Confucius Institute programs work in synergy with any other programs of your host organization. 请描述孔子学院项目和主办机构其他项目的协作程度。	1. 孔子学院与所在大学人文学院、企管学院和商学院合作举办中国人文与企业贸易系列学术讲座。 2. 孔子学院积极参与所在大学国际学生日等国际教育文化交流活动。 3. 孔子学院积极参加所在大学的重要文化活动和学术活动。

✓Strategic Partnerships 战略伙伴	
¤Please describe the extent to which your Confucius Institute engages in strategic partnerships with other Confucius Institutes or other organizations, and provide specific examples of such partnerships. 请描述您所在孔子学院和其他孔子学院或其他组织的战略伙伴关系,并提供具体实例。	与其他孔子学院保持密切的战略伙伴关系: 1. 与马德里孔子学院协作,举办"中国孩子的书香世界"图书展并配合讲故事活动。 2. 积极参与巴塞孔子学院牵头的汉语课程进入西班牙国民教育体系系列活动。 3. 积极支持莱昂大学孔子学院的新汉学国际学术研讨会。 与孔子学院所在地区政府和文化机构建立了积极的良好的战略伙伴关系: 1. 与卡斯蒂利亚-拉曼查大区图书馆合作举办系列中国文化体验工作坊。

	2. 走进大区公立小学 CIUDAD NARRA，ANA SOTO 举办中国文化周活动。 3. 与托莱多、阿尔巴塞特和塔拉维拉市政府合作举办庆祝中国新年文化节。 4. 托莱多市政府每月公告孔院组织的文化活动。
⌑Do you plan to continue the above-described strategic partnership(s)in the future? If not, why not? 您打算要继续发展以上所描述的合作关系吗？如果不打算继续，请说明原因。	孔子学院将继续发展以上合作关系。
⌑Do you plan to engage in other strategic partnerships during the next 3 years? If so, with whom and why? 在今后的三年中，您是否打算寻找新的合作伙伴？如果"是"，请说明与谁合作，为什么？	是的，今后三年孔子学院计划寻求以下新的合作伙伴关系： 1. 拓展与 C 市大区中小学的合作关系，推进汉语课程进入大区国民教育课程体系。 2. 加强与大区以及托莱多市政府旅游局的联系，为建设旅游特色孔子学院寻求更多的资源，并与当地政府签订合作协议。

✓Partnership between host organization and the University in China 中外方合作情况	
☐ Number of Staff dispatched by the partner university in China 中方院校派出人数	YES 有☑ NO 无☐ Number 人数：____5____
☐University exchange and mutual visit 校际交流和互访	Number of visits from foreign side 外方访华次数：____3____ Contents 主要内容：<u>商谈揭牌事宜、洽谈校际合作项目与召开理事会</u> Number of visits from Chinese side 中方来访次数：____1____ Contents 主要内容：<u>参加孔子学院揭牌仪式、校际合作项目洽谈与签订两校合作协议</u>
☐Setting up "3＋1" or "2＋2" Chinese degree programs 支持与中方院校合作设立"3＋1"或"2＋2"汉语学位课程	YES 有☐ NO 无☑
☐Other joint programs conducted by the Confucius Institute 通过孔子学院开展的其他合作项目	Times 次数：____4____ Contents 主要内容：<u>1. 西语系本科生交换生项目；2. 西语系本硕3＋1项目；3. 两校语言教育实习生交换项目；4. 两校联合培养硕士项目。</u>

⌖Effectiveness of cooperation mechanisms 合作互动机制顺畅	Well 好☑　　　Medium 中☐ Poorly 差☐
⌖Chinese partner institution receiving summer camp from Confucius Institute 中方院校接待孔子学院夏令营	YES 有☑　　　NO 无☐ Times 次数：＿＿1＿＿ No. of people 人数：＿＿20＿＿
⌖Chinese partner institution Sending Scholars to Confucius Institute to give lectures or participate the activities 中方院校派遣专家到孔子学院讲座或活动	YES 有☐　　　NO 无☑ Times 次数：＿＿0＿＿ No. of people 人数：＿＿0＿＿
⌖Please describe the issues or problems with Chinese university partner, and give suggestions 请描述在与中方合作中的问题，并提出建议	孔子学院自揭牌以来各项工作进展顺利，主要得益于两点：第一，首任中方院长徐采霞有很高的西班牙语水平，这保证了她与大学各职能部门和孔子学院团队中外方人员有效沟通。第二，中方院长具有极专业的汉语教学能力以及师资培训管理能力，这确立了她在中外汉语教师中的专业权威性，保证并提升了孔子学院汉语课程教学水平，孔子学院学员人数稳定增长。 因此，建议中方合作院校南昌大学在选拔孔子学院中方院长时能继续按照这个标准推荐，以保证孔子学院良性发展。

✓Partnership between host organization and Hanban
孔子学院总部项目执行情况

☐Three Tours (Performance Tours, Exhibition Tour, Lecture Tour) 组织"三巡"(巡演、巡展、巡讲)	YES 有☑　　　NO 无☐ ⊕Performance Tours 巡演 No. of audience 观众人数：_500_ Times 场次：_1_ ⊕Exhibition Tour 巡讲 No. of audience 观众人数：_0_ Times 场次：_0_ ⊕Lecture Tour 巡展 No. of audience 观众人数：_500_ Times 场次：_1_
☐"Chinese Bridge" Chinese language contest for college students "汉语桥"大学生中文比赛	YES 有☑　　　NO 无☐ No. of participants 选送人数：_2_ No. of awards 获奖人数：_0_
☐"Chinese Bridge" Chinese language contest for college students "汉语桥"中学生中文比赛	YES 有☑　　　NO 无☐ No. of participants 选送人数：_2_ No. of awards 获奖人数：_0_
☐Training of teaching materials and resources 教材及教学资源应用培训	YES 有☑　　　NO 无☐ No. of participants 选送人数：_4_

¤ Confucius Institute Online 网络孔子学院	YES 有☐　　　　NO 无☑
¤ Use the online material of Confucius Institute frequently 经常使用网络孔子学院资源	YES 有☐　　　　NO 无☑ Registered User 注册人数：＿＿＿＿＿
¤ Great Wall Chinese 是否开设《长城汉语》	YES 有☐　　　　NO 无☐☑
¤ Chinese Cultural Experience Center 是否配置文化体验中心	YES 有☐　　　　NO 无☐☑ Area 面积：＿＿0＿＿

五、知名度

➤Please describe the methods you employ to gain visibility for your Confucius Institute and its work, including：

请描述您通过什么手段增强孔子学院和院工作的知名度,具体包括:

✓Strategy 策略	
¤ Please describe, if applicable, your overall strategy for gaining visibility for your Confucius Institute. 请描述您为增强孔子学院的知名度所采取的策略。	1. 在孔子学院所在的卡斯蒂利亚-拉曼查大区的托莱多、塔拉维拉、阿尔巴塞特三个主要城市举办庆祝中国新年系列文化活动,邀请当地政要参加,当地媒体的大量的正面报道极大增强了孔子学院知名度。 2. 在孔子学院日以及中国传统节日举办系列文化活动吸引孔子学院学员之外的当地民众参与,当地媒体对孔子学院活动主动关注并跟进报道。

	3. 孔子学院积极参与当地中小学的文化周活动,让更多的当地中小学的校长与教师、学生与家长了解孔子学院和孔子学院汉语教学和传播中国文化的使命。 4. 孔子学院所在外方大学有孔子学院网站链接,孔子学院建立了自己的网站,并采用当地民众关注度高的脸书和推特进行宣传,提升孔子学院知名度。

✓Internal Resources 内部资源	
✡Please describe the internal resources dedicated to gaining visibility for your Confucius Institute, including staff and budget. 请描述用于增强孔子学院知名度的内部资源,包括人员和经费。	1. 孔子学院外方院长与大学各职能部门、孔子学院所在地政府官员以及当地媒体保持良好关系,这有助于提升孔子学院知名度。 2. 外方大学国际事务副校长亲自主持孔子学院大型文化活动,通过大学网络平台、大学与当地新闻媒体建立的合作关系给予孔子学院提升知名度丰富的资源。 3. 孔子学院中方人员,包括中方院长、公派教师和志愿者教师都掌握西语,能接待来访与咨询,跟学院与家长的良性互动中提升孔子学院知名度。

	4. 为了提升孔子学院知名度,孔子学院策划和组织了丰富多彩的文化活动,而总部支持的经费有效保证了活动的开展,孔子学院所在大学和孔子学院的战略合作伙伴单位为文化活动开展提供了场地和技术设备支持。

✓External Resources 外部资源	
¤Please describe the primary vehicles you use to gain visibility for your Confucius Institute,including: 请描述您为增强孔子学院知名度所使用的基本媒介物,包括:	
✢Print media (newspaper, magazines, newsletters,annual report,etc) 印刷媒体(报纸、杂志、新闻通讯、年度报告)	YES有☑　　　　NO无□
✢Radio/TV 广播/电视	YES有☑　　　　NO无□ Times 次数:＿＿17＿＿
✢Multi-media 多媒体	YES有☑　　　　NO无□ Times 次数:＿＿10＿＿
✢Advertisements 广告	YES有☑　　　　NO无□ Times 次数:＿＿24＿＿
✢Internet 互联网	YES有☑　　　　NO无□ Times 次数:＿＿55＿＿
✢Please list some of the renowned media. 请列出其中著名媒体名称。	国家级报纸:ABC, Europa Press, Eldiarios. es, 20minutos

	国家级电视台：Televisión Española, Canal Castilla La Mancha, RTVE 国家级广播电台：Cadena Ser, Cadena Cope, Onda Cero Toledo
✄ Please describe in particular whether you utilize a website to support, and gain visibility for, your Confucius Institute, and if so, describe: 请具体描述您是否使用网站支持和增强孔子学院的知名度。如果"是"，请描述： ✧ Content update frequency 内容更新频率 ✧ Contents 内容 ✧ No. of monthly visitors 月度访问人数 ✧ No. of annual visitors 年度访问人数 ✧ Please provide your website address. 请提供网址。	是 每日更新，由专业公司负责维护 孔子学院简介，孔子学院新闻、通知通告，汉语课程，汉语水平考试，孔子学院奖学金，文化活动，学习园地，图片长廊以及联系方式。 500 人 6 000 人 http://confucioclm. uclm. es/instituto-confucio/
✄ Please cite 3 examples that you think best reflect the visibility your Confucius Institute has gained over the past 3 years. 请举三个您认为有代表性的具体例子说明在过去的三年里孔子学院的知名度得到了增强。	1. 欧洲国家电台和 C 市大区电视台 2018 年主动找孔子学院做直播采访，专题介绍孔子学院推广汉语的宗旨、中国新年系列庆祝活动、孔子学院日活动和孔子学院运行一周年庆祝活动。

| | 2. 大区影响力最大的报纸 Tribuna 主动策划专题,报道雷阿尔城的孔子学院课程与中国新年庆祝系列文化活动。 |
| | 3. C 市市政府肯定孔子学院在当地多元文化融中的贡献,并主动邀请孔子学院参加当地的最有影响力的文化节,为孔子学院免费提供场地。 |

六、Flexible Indicators 机动指标

➢Please describe any additional factors that you think the Confucius Institute Headquarters/Hanban should take into account in order to properly evaluate the work of your Confucius Institute.

为更好地评估孔子学院的工作,请描述您认为孔子学院总部/汉办应该考虑的其他因素。

➢We would also like to find out any challenges and difficulties you might have encountered in managing your CI as well as any suggestions you may have.

我们也想知道您在运行孔子学院过程中遇到的挑战和困难是什么。请留下您的建议。

1. 孔子学院影响力所覆盖的 C 市大区地广人稀,当地人的观念相对保守,对新事物的接收需要一个较长的过程。因此,孔子学院无论是在汉语课程设置和文化活动组织等方面都需要相当的耐心和坚持。比如在汉语课程进入当地中小学课程体系工作上,需要花费更大的力气,因为公立学校校长表示欢迎汉语课程,但是需要等待大区教育厅的相关政策。孔子学院在大学的帮助下正在与大区教育厅联系和沟通,教育厅建议孔子学院通过课外互动方式在他们推荐的优质中小学中试点开设汉语课程,第一阶段进展顺利,但大规模的推进需要政策的许可。

2. 外方院长对孔子学院工作热情高,责任心强,为孔子学院倾注了不少精力。但是毕竟是兼职,大学方面给予该岗位的津贴很低。此外,外方大学为孔子学院聘请的行政秘书只有一位,而且每天工作时间为 5 个小时,导致有些工作迟滞或者效率不高。

3. 孔子学院作为所在大学的二级学院,不能直接向社会发布人员招聘公告。外方大学没有汉学或者东亚学系院或者研究所,因此无法为孔子学院招聘较为稳定的合同制本土汉语教师。为了满足孔子学院工作需求,目前只能用孔子学院的汉语课程学费收入支付本土教师报酬。

第四节　三所大学孔子学院自我评估方法的分析

一、三所大学孔子学院的自我评估覆盖面较广

这三个案例中的孔子学院主要从影响力、可持续性以及知名度这三个方面进行了自我评估,其中影响力方面主要考量该孔子学院是否开设汉语项目、各类文化活动、来华项目以及社区带动;可持续性主要考察孔子学院的基础设施建设情况、人力资源情况、运作和管理模式、财务收支情况、其他资源杠杆情况、与主办机构合作以及战略伙伴情况;而知名度主要体现在为增强孔子学院的知名度所采取的策略、用于增强孔子学院知名度的内部资源以及为增强孔子学院知名度所使用的媒

体。这三个方面的评估力图做到面面俱到,可以为国内外相关大学对于自办的孔子学院的自我评估提供借鉴和参考。

二、自我评估中财务绩效评估内容比较浅显,不够深入

三所大学的孔子学院在财务评估上内容比较浅显,在财务收入方面:仅介绍了大致学费收入、经营投入、活动收入以及所获捐赠情况;在财务支出方面:仅介绍了其劳务费、设备费、办公费以及项目活动费,未能采用相应的技术评价办法对其加入深入分析,并且在财务绩效的合理性、科学性、效率性和风险性并无相关说明,尚存在一定欠缺。

三、评价技术方法过于简单,指标构建不够健全

三所大学孔子学院自我评估案例中,对于评价技术方法均无深入介绍,无法采用现代化方法对其进行分析导致评价重点不突出。评价指标应力求科学、系统,评价应定性与定量相结合,但为了客观反映各孔子学院的经营状况,要尽可能用事实说话,用数据说明问题,而这三个案例中,定性指标较少,定量指标较多。同时,评价指标应涵盖全球孔子学院的共性特点,但由于国情文化的巨大差异性,世界各地孔子学院往往呈现出鲜明的个性特征,因此,评价指标体系要同时兼顾共性和个性问题。

第八章
欧洲 S 大学孔子学院案例分析

第一节　欧洲 S 大学孔子学院背景介绍

一、欧洲 S 大学介绍

　　欧洲 S 大学位于欧洲西南部 X 国的省会城市——S 市,交通十分便利,距首都仅 2 个多小时的行程。优越的地理位置使她的城市商业生机勃勃,生活丰富多彩且舒适,消费水平低,是理想的生活、娱乐、读书所在。S 大学位于 S 市中心,成立于 1542 年,是一所拥有 500 多年历史的著名公立大学。在 X 国的大学中,S 大学排名第 6 位。在校学生超过 35000 名,外国留学生比例中本科生占 12%、研究生占 31%,涉及专业包括实验性科学、理学(化学、物理)、人文科学(哲学美术等)、社会科学及司法学(法律、教育、经济、商业)。

　　S 大学自 1927 年开始接受外国学生,在教授外国学生 X 国语言方面一直是先驱,在世界具有较高的知名度,每年有大量来自不同国家的学生来此学习语言。该大学的专业设置涵盖官方学位和大学自己设立的各种学位、研究生项目及持续培训课程,是 X 国内学科最齐全的大学,另外,S 大学还引入最新技术学科,如虚拟现实专业和培训课程,这使它在高等教育机构中占据突出地位。

二、欧洲 S 大学孔子学院介绍

　　习近平总书记到访 X 国时曾指出:2000 年前,中国和 X 国就通过丝绸之路联系在一起,成为合作伙伴,近年来,在两国政府首脑的顶层设计和正确指引下,两国合作越来越紧密,特别是科学合作产出增速快,近年增长率位居与西方合作前 30 国的榜首,中 X 全面战略协作伙伴关系进入了历史最好时期。

为更好地发挥各自在落实中国"一带一路"倡议和 X 国"X 中科技合作"战略中的重要作用,2016 年 7 月,S 大学孔子学院成立,外方合作单位是 S 大学,中方承办单位是 N 大学。2017 年 6 月,孔子学院揭牌运营。现任外方院长为 S 大学教育学院副院长 Rafael de Miguel,中方院长为 N 大学崔老师。S 大学孔子学院是以高科技和中国传统音乐教学为主的特色孔院。学院利用中外合作院校的学科优势,中外方院长的国际化背景与专长,建立以高科技(先进材料、医药与化工为主)教学为特色;利用孔子学院教师在中国传统音乐和音乐制作方面的专业特长,给孔子学院也赋予了具有专业性质的中国艺术特色。S 大学孔子学院本部位于 S 市中心的 F 校区(Campus San Francisco)教育学院综合楼内。除本部外,还设立了三所教学点,包括 P 教学点、B 教学点和 W 教学点。2019 年,该孔子学院开设汉语和艺术课程共 80 个班次,注册学员 700 人。该孔子学院招生、报名和缴费借助于国立 S 大学网上招生系统,该系统安全、专业,并受欧盟信息和数据保护法的保护。

自 2016 年 S 大学与 N 大学合作建立孔子学院以来,双方互动频繁,S 市市长、主席、校长先后到访 N 大学;N 大学党委书记、副校长也先后率团访问 S 大学,两校在人才培养、科学研究及成果转移等方面展开了密切合作。作为交流科技前沿成果的创新型科学文化交流平台,此次即将召开的中 X 论坛将为两国科研人员把握行业发展方向、密切科技合作提供更好的契机,推动两国科技创新资源双向开放流动。

二、欧洲 S 大学孔子学院成就概况

S 大学孔子学院以科技和创新特色,为中外学校、省市搭建区域交流平台,积极推进 S 大学与 N 大学、江苏省与 A 区间的科技与教育合作、互访和组织举办国际论坛,服务当地发展。2017—2019 年间,S 大学孔子学院举办文化和科技活动 22 场,参与人数 15000 人。在此期间,促进 N 大学和 S 大学、J 省和 X 国 A 区间的科技、教育交流和互访高达 12 次。

在孔子学院建院和发展中,S 大学孔子学院策划、组织并圆满完成了以下重要

工作:

(1) 2017 年 4 月 7 日国务院参事许琳获颁 S 大学 475 周年荣誉勋章,成为获得该奖的第一位中国人;

(2) 2017 年 6 月 7 日孔子学院揭牌仪式,出席代表 400 人,中国驻 X 国大使吕凡、A 区政府领导致辞;

(3) 自揭牌以来,领导孔院快速发展并辐射周边,2018 年签约和成立了 P 校区、A 校区和 W 校区等三个教学点和汉语水平考试考点,如今有 634 名外籍学员在孔子学院学习汉语和体验中华文化,成为 X 国孔子学院的领先者;

(4) 合计策划与领导举办了各类文化活动 25 场次,列 X 国各孔子学院前茅;

(5) 2019 年 5 月,欧洲 S 大学孔子学院承办了"汉语桥"X 国赛区决赛,S 大学孔子学院学员 Carlos Soria Elizalde 获得中学生组冠军,并代表 X 国赴中国郑州参加了决赛阶段比赛,表现优越。

在国际合作和交流方面,自揭幕以来:

(1) 推动和组织了 N 大学和 S 大学、J 省和 X 国 A 区间的科技、教育交流和互访高达 13 次,其中包括 S 市长代表团于 2019 年 3 月 12 日访问 N 市政府及 N 大学;

(2) 孔子学院作为平台不断推陈出新,以材料学科为突破口,促进 N 大学和 S 大学两校签署了《外部研究人员合作协议》和《关于双博士学位联合培养合作协议》,实现了博士生在对方院校的注册和科研培养,进一步加深了两校在教育、科研和人才培养领域的合作;

(3) 2018 年 6 月 7 日,孔子学院在 S 市成功承办了第一届中国—X 国生物与医药国际论坛,获得了 A 区科技与教育厅高度赞赏和嘉许。

第二节　孔子学院项目资金绩效指标权重确定

一、网络层次分析法(ANP)

网络层次分析法(Analytic Network Process,简称 ANP)是针对具有反馈性和依赖性的复杂决策问题所提出的决策方法(SAATY,1996)。ANP 是对层次分析法(The Analytic Hierarchy Process)的改进和优化,能够更好地反映和描述各元素之间的耦合性(刘惠萍,2006)。同 AHP 相比,ANP 的结构状况要更为复杂,其不仅是类似于前者的简单的递阶式层次结构,同时还存在着一定的相互影响和作用机制(孙铭忆,2014;贺纯纯和王应明,2014)。简单来说,ANP 就是将相互耦合且产生交互影响的诸多因素进行综合分析,进而获取各指标的权重(袁旭梅、张旭和祝雅妹,2015)。

二、ANP 方法原理及实施步骤

(一) 构建网络层次结构模型

ANP 结构的控制层和网络层可以构成一个典型的 ANP 系统。其中,控制层又由目标层以及准则层所组成,要求内部的所有准则均是独立且互不影响的。而网络层中各元素或者元素集则并非完全独立,其可能会对网络层中其他任意元素产生一定的影响。根据 1—9 标度法,可以两两比较出彼此之间的相对重要程度,并通过 AHP 求出各自的权重。

表 8.1　相对重要性标度

标度	定义
1	i 元素与 j 元素同等重要
3	i 元素比 j 元素略重要
5	i 元素比 j 元素较重要
7	i 元素比 j 元素非常重要
9	i 元素比 j 元素绝对重要
2,4,6,8	上述相邻判断的中间值
倒数	j 元素对 i 元素的重要性标度

(二) 构建超矩阵

设 ANP 中控制层准则有 $P_1,P_2,\cdots,P_n$,网络层有元素集为 $C_1,C_2,\cdots,C_n$,其中 C_i 有元素 $C_{i1},C_{i2},\cdots,C_{in},i=1,2,\cdots,n$。以控制层元素 P_s 为准则,以 C_j 中元素

C_{j1} 为次准则,根据标度法的相互之间的比较,构建判断矩阵,并得到归一特征向量 $(w_{i1}, w_{i2}, \cdots, w_{in})^T$ 即为网络元素排序向量,并进行一致性检验,如果阶数大于2,只有当 CR 小于 0.1 时,才能通过检验,否则需要调节判断矩阵元素的取值,直到通过一致性检验的要求。以此类推,能够求得相对于其他元素的排序向量,进而构建超矩阵,记为 W_{ij}:

$$W_{ij} = \begin{bmatrix} w_{i1}^{(j1)} & w_{i2}^{(j2)} & \cdots & w_{i1}^{(jn_j)} \\ w_{i2}^{(j1)} & w_{i2}^{(j2)} & \cdots & w_{i2}^{(jn_j)} \\ \vdots & \vdots & \vdots & \vdots \\ w_{in_i}^{(j1)} & w_{in_i}^{(j2)} & \cdots & w_{in_i}^{(jn_j)} \end{bmatrix}$$

这里 W_{ij} 的列向量就是 C_i 中元素 $C_{i1}, C_{i2}, \cdots, C_{in}$。如果 C_j 中元素不受 C_i 中元素影响,则 $W_{ij} = 0$。因此,最终可以在 P_s 准则下,获得超矩阵 W,同理获得其他控制元素的超矩阵:

$$W_{ij} = \begin{bmatrix} w_{11} & w_{12} & \cdots & w_{1N} \\ w_{21} & w_{22} & \cdots & w_{2N} \\ \vdots & \vdots & \vdots & \vdots \\ w_{N1} & w_{N2} & \cdots & w_{NN} \end{bmatrix}$$

（三）构建加权超矩阵

在 P_s 准则下,对 P_s 下 $C_j(j=1,2,\cdots,n)$ 个元素对准则的重要性进行比较,得到一个归一化的排序列向量为 $(a_{1j}, a_{2j}, \cdots, a_{nj})$,从而得到一个加权矩阵 $A = \begin{bmatrix} a_{11} & \cdots & a_{1n} \\ \vdots & \vdots & \vdots \\ a_{n1} & \cdots & a_{nn} \end{bmatrix}$,其中 $a_{ij} \in [0,1]$ 且 $\sum_{i}^{n} a_{ij} = 1$。如果两元素之间没有影响则 $a_{ij} = 0$。所以构造加权超矩阵 $\overline{W} = \overline{W}_{ij} = A \times W = (a_{ij} \times W_{ij})(i=1,2,\cdots,n; j=1,2,\cdots,n)$。

（四）计算极限超矩阵,获得局部和全局权重

出于更为合理的诠释元素间的相互依存性的考量,需要通过计算极限

$\lim\limits_{k\to\infty}\left(\dfrac{1}{N}\right)\sum\limits_{k=1}^{N}\boldsymbol{W}^{k}$ 的相对排序向量,从而检验加权超矩阵的稳定性。若这个极限收敛并且唯一,则 $\boldsymbol{W}^{\infty}$ 的第 j 列就是下网络层各元素对于元素 j 的极限相对排序,也就是网络层中各元素相对于最高目标的权重值。根据以上计算,可以获得最终结果即超矩阵的结果对应着各元素组的局部权重,加权超矩阵对应着每个元素的全局权重。

二、基于 ANP 的孔子学院项目资金绩效权重确定

(一) 构建评价模型

在孔子学院项目资金绩效评价模型中,目标层中目标为 S 孔子学院资金绩效、准则为 A_1 投入、A_2 过程、A_3 产出、A_4 效益。网络层中有 9 个元素集分别为 B_1 孔子学院年投入总额增长率、B_2 资金管理、B_3 项目管理、B_4 风险管理、B_5 教学成果、B_6 创新成果、B_7 人才培养、B_8 经济效益、B_9 社会效益,每个元素集下面对应各自的元素。而且,在这些元素集内部以及不同的元素集之间有相互影响的关系存在。通过这个模型,可以对对象层的实际对象进行评价。

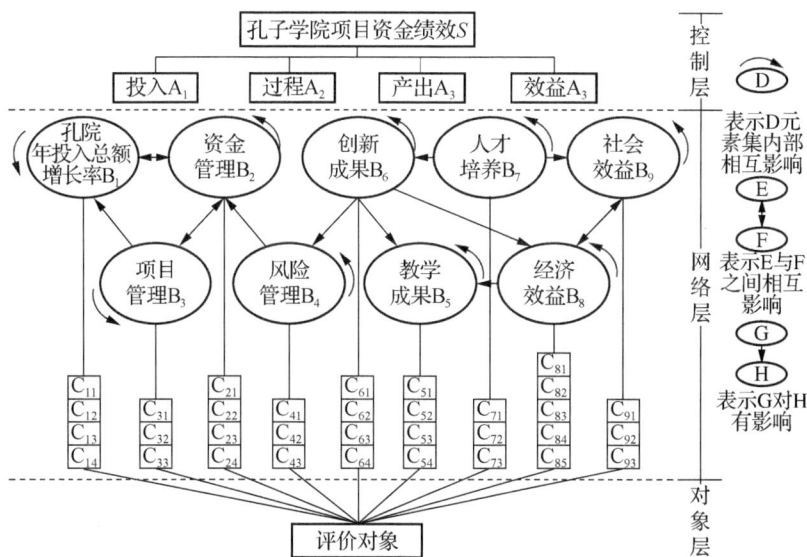

图 8.1 孔子学院项目资金绩效评价模型

（二）确定指标权重

通过 ANP 方法确定指标的权重的过程同 AHP 一样，需要依据专家对于各个指标的重要性的评判，然后构造判断矩阵，进而求出各指标的权重。为保证指标权重的合理性，选择 11 位孔子学院项目资金绩效评价领域的专家组成专家组（其中高校从事项目基金绩效评价方向研究的教授 3 位，孔子学院项目负责人 5 位，海外教育学院教授 3 位）对各项指标的重要性进行评判。最后，利用回收的德尔菲专家调查表中的数据，并结合 ANP 的原理，通过 Super Decision 软件计算出各指标的局部权重以及全局权重。

1. 内部独立指标层的权重：由于三个一级指标之间彼此独立，因此其权重可根据 AHP 方法获得。在此，利用三轮德尔菲专家调查表中的数据，构造三个一级指标之间的判断矩阵，并得出一级指标的权重。

表 8.2 孔子学院项目资金绩效评价指标控制层的判定矩阵

S	A_1	A_2	A_3	A_4	权重
A_1	1	1	2	1	0.200
A_2	1	1	2	1	0.200
A_3	1/2	1/2	1	2	0.400
A_4	1	1	1/2	1	0.200
注：CR＝0.000＜0.1					

2. 一致性检验：当 C.R≤0.1 时，可认为判断矩阵具有满意的一致性。为保证指标体系构建的可靠性以及专家打分的合理性，首先对随机一致性比率进行检验（各判断矩阵的一致性检验值如表 8.3 所示）。通过表 8.3 中各判断矩阵的一致性检验得分能够看出，在本文所构建的指标体系下，通过专家打分所构建的判断矩阵都通过了一致性检验，具有较为满意的一致性，也说明了本文所得权重的科学性以及合理性。

表 8.3　判断矩阵的一致性检验得分情况一览表

判断矩阵	C.R 值	判断矩阵	C.R 值	判断矩阵	C.R 值
S→A	0.000	A_1→B	0.000	B_1→C	0.000
		A_2→B	0.000	B_2→C	0.000
				B_3→C	0.000
				B_4→C	0.000
		A_3→B	0.000	B_5→C	0.003
				B_6→C	0.008
				B_7→C	0.000
		A_4→B	0.000	B_8→C	0.000
				B_9→C	0.008

3. 网络层指标集以及各指标的权重:网络层的各指标元素集以及各指标之间并非完全独立的,相互之间还存在着一定的影响作用,计算其权重时要严格依照网络层级结构通过 ANP 方法获得其局部权重以及全局权重。因此,根据专家打分,借助 SD 软件计算出每个指标权重。

表 8.4　孔子学院项目资金绩效指标的局部权重和全局权重

一级指标	权重	二级指标	局部权重	全局权重	三级指标	局部权重	全局权重
投入(A_1)	0.2	孔子学院年投入总额增长率(B_1)	1.00	0.20	人员工资费用增长率(C_{11})	0.231	0.046
					办公差旅费用增长率(C_{12})	0.120	0.024
					设备器械费用增长率(C_{13})	0.066	0.013
					活动项目费用增长率(C_{14})	0.582	0.116
过程(A_2)	0.2	资金管理(B_2)	0.50	0.10	资金及时到位率(C_{21})	0.250	0.025
					财务制度健全性(C_{22})	0.250	0.025
					资金专款专用率(C_{23})	0.250	0.025
					资金使用合规合理性(C_{24})	0.250	0.025
		风险管理(B_4)	0.25	0.05	项目经费申报规范性(C_{31})	0.200	0.010
					项目经费目标达成率(C_{32})	0.400	0.020
					项目经费使用合规性(C_{33})	0.400	0.020

一级指标	权重	二级指标	局部权重	全局权重	三级指标	局部权重	全局权重
过程(A₂)	0.2	项目管理(B₃)	0.25	0.05	风控机制健全性(C_{41})	0.400	0.020
					风控关键控制点设立(C_{42})	0.400	0.020
					应急管理措施(C_{43})	0.200	0.010
产出(A₃)	0.4	教学成果(B₅)	0.40	0.16	汉语等级考试通过率(C_{51})	0.351	0.056
					文化活动年增长率(C_{52})	0.351	0.056
					国际交流交换率(C_{53})	0.189	0.030
					新课程开设增长率(C_{54})	0.109	0.017
		创新成果(B₆)	0.20	0.08	世界级奖项获得数(C_{61})	0.326	0.026
					地区级奖项获得数(C_{62})	0.163	0.013
					国家级奖项获得数(C_{63})	0.363	0.029
					校级奖项获得数(C_{64})	0.148	0.012
		人才培养(B₇)	0.40	0.16	招生计划完成率(C_{71})	0.400	0.064
					按时完成学业百分比(C_{72})	0.400	0.064
					优秀毕业生占比率(C_{73})	0.200	0.032
效益(A₄)	0.2	经济效益(B₈)	0.13	0.03	收支平衡率(C_{81})	0.333	0.008
					成本控制率(C_{82})	0.333	0.008
					学生学费收入增长率(C_{83})	0.111	0.003
					社会机构捐赠收入增长率(C_{84})	0.111	0.003
					活动培训费收入增长率(C_{85})	0.111	0.003
		社会效益(B₉)	0.88	0.18	财务对文化交流影响增长率(C_{91})	0.193	0.034
					重大标志性成果产出率(C_{92})	0.106	0.019
					学员和社会满意度(C_{93})	0.701	0.123

首先,从表8.4中能够看出,在用以评判孔子学院项目资金绩效的四个一级指标中,产出最为重要,$A_1=A_2=A_4$,因此在评判孔子学院项目资金绩效时其权重相同。

其次,从各项二级指标的全局权重来看,孔子学院年投入总额增长率 B_1 最高,说明其对孔子学院项目资金绩效的影响最大,社会效益、教学成果和人才培养对于孔子学院项目资金绩效的影响也较为显著。

最后,从三级指标的权重来看,活动项目费用增长率以及学员和社会满意度的权重最高,分别为 11.6% 和 12.3%,足以反映出孔子学院项目资金使用过程中的活动项目费用增长率以及学院和社会满意度的权重对于孔子学院项目资金绩效的影响最为显著。

第三节　网络层次分析-模糊综合评价模型构建

一、网络层次分析-模糊综合评价模型简述

网络层次分析-模糊综合评价模型是由网络层次分析法和模糊综合评价法融合而成。网络层次分析法能够弥补层次分析法在评价指标体系时难以衡量指标之间、层与层之间相互影响的缺陷,而模糊综合评价法依据模糊数学的隶属度理论,可以有效实现定性指标的定量评价。网络层次分析-模糊综合评价法在评价分析方面具备诸多优势,被广泛应用于电力企业绩效考核(余顺坤、周黎莎和李晨,2013)、区域型商业地产业态选择(冯克宇,2015)等众多方面。

二、网络层次分析-模糊综合评价模型构建步骤

网络层次分析-模糊综合评价模型的构建由以下几个步骤构成:

首先,构建网络层次分析结构。网络层次分析结构由控制层和网络层构成,控制层又由目标层以及准则层所组成,要求内部的所有准则相互独立且互不影响,而网络层中各元素则并非完全独立。

其次,构建超矩阵和加权超矩阵。设控制层准则有 $P_1,P_2,\cdots,P_n$,网络层有元素集为 $C_1,C_2,\cdots,C_n$,其中 C_i 有元素 $C_{i1},C_{i2},\cdots,C_{in}$,$i=1,2,\cdots,n$。以控制层元素 P_s 为准则,以 C_j 中元素 C_{j1} 为次准则,根据标度法的相互之间的比较,构建判断矩阵,并得到归一特征向量 $(w_{i1},w_{i2},\cdots,w_{in})^T$ 即为网络元素排序向量,并进行一致

性检验。同理,得到相对于其他元素的排序向量,并得到一个超矩阵,记为 W_{ij}。在这里,W_{ij} 的列向量就是 C_i 中元素 C_{i1},C_{i2},$\cdots$,C_{in}。如果 C_j 中元素不受 C_i 中元素影响,则 $W_{ij}=0$。

因此,最终可以在 P_s 准则下,获得超矩阵 W,并最终获得其他控制元素的超矩阵。在 P_s 准则下,对 P_s 下 $C_j(j=1,2,\cdots,n)$ 个元素对准则的重要性进行比较,得到一个归一化的排序列向量为 $(a_{1j},a_{2j},\cdots,a_{nj})$,并得到一个加权矩阵 A。所以构造加权超矩阵 $\overline{W}=\overline{W}_{ij}=A\times W=(a_{ij}\times W_{ij})(i=1,2,\cdots,n;j=1,2,\cdots,n)$。

再次,计算极限超矩阵。对加权超矩阵 $\overline{W}$ 进行稳定化处理,如果极限收敛且唯一,则第 j 列就是网络层各元素对于元素 j 的极限相对排序,因此最终得到各级指标的局部权重和全局权重。最后,构建评价矩阵。设评价指标等级的评语集 $V=(v_1,v_2,\cdots,v_m)$ 及量化评价结果的数值集 $V=(N_1,N_2,\cdots,N_m)$,并建立隶属矩阵 $R=(r_{ij})_{n\times m}$,其中,$r_{ij}=\dfrac{第\ i\ 个指标选择\ vi\ 等级的个数}{参与评价个数}$,利用模糊评价矩阵 S 与数值集 N 导出最终评定指数 F。

第四节　样本及数据特征

2016 年 7 月 5 日,为适应 X 国人民汉语学习的需求,增进对中国语言文化的了解,加强中国与 X 国两国的教育文化交流合作,由欧洲 S 大学,中国国家汉语国际推广领导小组办公室(汉办)与 N 大学合作成立 X 国第 8 所孔子学院——S 大学孔子学院。

欧洲 S 大学孔子学院办学以来,充分利用自身优势,开展丰富多彩的教学和文化活动,逐步形成了各具特色的办学模式,成为 X 国学习汉语言文化、了解当代中国的重要场所,受到当地社会各界的热烈欢迎。S 大学孔子学院每年为广大市民组织了一系列的文化活动,推广和传播中国文化。

本文以欧洲 S 大学孔子学院为案例,研究孔子学院项目资金绩效。同时根据构建的指标,设计相应的评分标准,分为"好""较好""一般""较差"和"差"五档打分,每个指标都和其打分准则一一对应。此外,为了保证调研的客观性,课题组对每位调查员开展了专业知识和专业技能的培训,使其准确理解采样表中的各个指标以及相应的打分准则,并能独立处理调研中的突发情况。在预调研环节及时发现并更改采样表中出现的问题,最终确定孔子学院项目资金绩效调查采样表和打分准则。

第五节　模型计算与结果分析

本节选取的评语集为 $V=\{好,较好,一般,较差,差\}$,对其进行量化得到数值集 $N=\{100,75,50,25,0\}$,运用模糊综合评价法得到欧洲 S 大学孔子学院项目资金绩效的情况,具体过程如下:

由表 8.2 可知,一级指标权重为: $W_A=(0.200,0.200,0.400,0.200)$;二级指标权重分别为: $W_{B1}=(1.000)$、$W_{B2}=(0.500,0.250,0.250)$、$W_{B3}=(0.400,0.200,0.400)$、$W_{B4}=(0.130,0.880)$;三级指标权重分别为: $W_1=(0.231,0.120,0.066,0.582)$、$W_2=(0.250,0.250,0.250,0.250)$、$W_3=(0.200,0.400,0.400)$、$W_5=(0.400,0.400,0.200)$、$W_5=(0.351,0.351,0.189,0.109)$、$W_6=(0.326,0.163,0.363,0.148)$、$W_7=(0.400,0.400,0.200)$、$W_8=(0.333,0.333,0.111,0.111,0.111)$、$W_9=(0.193,0.106,0.701)$。

由于欧洲 S 大学孔子学院项目资金绩效的三级指标评价矩阵为: $R_1=\begin{bmatrix}1&0&0&0&0\\\vdots&\vdots&\vdots&\vdots&\vdots\\0&0&1&0&0\end{bmatrix}$,因此得到欧洲 S 大学孔子学院项目资金绩效的评价向量为: $C_1=W_1\cdot R_1=(0.297,0.000,0.702,0.000,0.000)$。同理,资金管理、项目管理、风险管理、教学成果、创新成果、人才培养、经济效益以及社会效益的评价向量分别为:

$$C_2 = (0.500, 0.250, 0.250, 0.000, 0.000);$$
$$C_4 = (0.600, 0.400, 0.000, 0.000, 0.000);$$
$$C_4 = (0.000, 1.000, 0.000, 0.000, 0.000);$$
$$C_5 = (0.109, 0.540, 0.351, 0.000, 0.000);$$
$$C_6 = (0.000, 0.148, 0.526, 0.000, 0.326);$$
$$C_7 = (0.200, 0.400, 0.400, 0.000, 0.000);$$
$$C_8 = (0.222, 0.000, 0.777, 0.000, 0.000);$$
$$C_9 = (0.701, 0.106, 0.193, 0.000, 0.000)。$$

根据欧洲 S 大学孔子学院项目资金绩效的评价向量得到欧洲 S 大学孔子学院项目资金绩效投入的评价矩阵为：$B_1 = (C_1) = (0.297, 0.000, 0.702, 0.000, 0.000)$，由此得到欧洲 S 大学孔子学院项目资金绩效投入的评价向量为：$U_1 = W_{B1} \cdot B_1 = (0.148, 0.341, 0.319, 0.192, 0.000)$。同上，过程、产出和效益的评价向量分别为：$U_2 = W_{B2} \cdot B_3 = (0.400, 0.475, 0.125, 0.000, 0.000)$；$U_3 = W_{B3} \cdot B_3 = (0.124, 0.406, 0.406, 0.000, 0.065)$；$U_4 = W_{B4} \cdot B_4 = (0.646, 0.093, 0.271, 0.000, 0.000)$。

根据欧洲 S 大学孔子学院项目资金绩效投入、过程、产出以及效益的评价向量得到欧洲 S 大学孔子学院项目资金绩效的评价矩阵为：

$$U = \begin{bmatrix} 0.297 & 0.000 & 0.702 & 0.000 & 0.000 \\ 0.400 & 0.475 & 0.125 & 0.000 & 0.000 \\ 0.124 & 0.406 & 0.406 & 0.000 & 0.065 \\ 0.646 & 0.093 & 0.271 & 0.000 & 0.000 \end{bmatrix}$$

由此得到欧洲 S 大学孔子学院项目资金绩效的评价向量：$S_2 = W_A \cdot U = (0.383, 0.285, 0.409, 0.000, 0.026)$。所以，欧洲 S 大学孔子学院项目资金绩效水平为：

$$F = 0.383 \times 100 + 0.285 \times 75 + 0.409 \times 50 + 0.000 \times 25 + 0.026 \times 0 = 84.182$$

同理，可以得到不同阶段的项目资金绩效评价的综合水平。

表 8.5　孔子学院项目资金绩效水平

评价目标	水平
项目投入绩效	71.820
项目过程绩效	83.125
项目产出绩效	67.116
项目效益绩效	87.821
项目绩效总分	84.182

从整体得分情况来看,欧洲 S 大学孔子学院项目资金绩效得分为 84.182 分,落在区间(75,90)内。根据所定评判标准,欧洲 S 大学孔子学院项目资金绩效得分为较好,项目资金绩效状况比较乐观。

依据本次数据采集所得到的数据以及所构建的孔子学院项目资金绩效评价体系,得出欧洲 S 大学孔子学院项目资金绩效较好的结论。由表 8.5 可知,欧洲 S 大学孔子学院的项目过程绩效和项目效益绩效等级为较好,但项目投入绩效和项目产出绩效得分较低,特别是项目产出绩效得分仅为 67.116,原因主要为以下几点:

1. 法律环节缺失,缺乏专门的有关项目投入的法律法规条款

近年来,我国各级政府虽进一步制定如《中外合作办学条例》等关于财政投入的法律法规和规范性文件,但其中关于项目投入产出的相应条款极为匮乏,直接反映了现行的法律法规体系并未对项目投入和产出给予足够的重视,特别是关于项目产出的寥寥无几。

2. 资金结构单一,对孔子学院的项目运行支撑度不够

孔子学院的项目资金投入一般由中外双方的承办大学承担,一方面孔子学院的经费来源极不稳定,另一方面,政府投入为孔子学院的主要渠道,筹措渠道相对单一,资金支持力度严重不足,会导致孔子学院项目的支持资金偏少,项目进行的资金紧张。

3. 缺乏管理协作机制,导致孔子学院运行过程中资金利用率低

孔子学院的管理协作涉及国内外多个机构,包括与机关单位、外事办公室、相关院校、海外教育学院、教育部以及各部门的协调合作。各单位的合作过程中,缺乏统明确的管理协作机制,将会导致孔子学院运行过程中资金利用率低;

4. 民间力量参与度低,尤其缺乏社会资本对孔子学院的财务支撑

作为非营利性教育机构,孔子学院以民间力量运营为主,然而当前孔子学院的民间参与度较低,大多数孔子学院的正常运行需依靠政府的财政补助政策,这种情况下难以保持孔子学院长期稳定的发展。

第九章
孔子学院绩效评价研究的问题、对策和建议

第一节 孔子学院绩效评价面临的主要问题

目前,孔子学院主要面临不均衡发展、高速发展缺乏宏观规划的问题。孔子学院的申办首先是由申办方审查自身是否具备申办孔子学院的条件,如是否有必备的办学资金和稳定的经费来源。

作为孔子学院经费的直接和主要管理者,孔子学院总部为保障经费合法合规和有效使用,防范经济活动风险,建立了比较明晰的财务管理流程和内控制度;制定了较为系统完整的财务规章,财务基础建设也不断加强,总体上较好地保障了事业的良好发展。但由于孔子学院事业始终处于高速运转的状态,经费和事业规模均急剧扩张,面对各方面纷繁复杂的困难,许多问题没有现成或可以参照解决的方案和模板,所以财务基础建设、财务管理的科学化、精细化水平与事业发展的不相适应的矛盾日渐凸显。如这矛盾无法逐步妥善加以解决,不仅可能难以有效发挥财务工作控制阀、调节阀和导向阀的作用,甚至会阻碍事业的可持续健康发展。

一、经费来源不稳定,不足以支撑孔子学院长期稳定发展

孔子学院的经费来源包括学费、机构的赞助、外方合作大学的投入以及国家汉办提供的项目资金,这些经费来源都不是固定的,变化性特别大,这些经费来源存在较大的变性,不够固定,而不稳定的经费来源容易使孔子学院出现资金短缺,从

而影响基础设施等方面的建设。各孔子学院一直面临如何拓展资金渠道，寻求相对稳定的资金来源，以保证持续发展的需要问题。

资金不足是很多驻外文化机构的通病，这种问题很大程度上来自其文化机构的性质。由于很多文化机构都是为非营利机构，不以营利为目的虽然促进了文化的进一步传播发展，但是客观上给政府增添了很多财政负担，而且随着很多组织不断地扩大规模，这种问题会变得越来越明显，长此以往必然会影响到各个文化机构以后的发展。

二、经费使用不合理，影响孔子学院项目的实施效果

大部分孔子学院运行经费都由所在大学统管，在经费使用上十分苛刻，且报账程序十分烦琐，报账时间极其漫长，在经费使用上缺乏应有的独立性。此外，所有的经费都必须经外方院长同意，中方院长对经费没有使用权，甚至对总部下拨的经费也缺乏使用和监管的权力，使得中方院长在管理中缺乏资源可用，必然影响有关工作的开展。此外，由于孔子学院所实施项目的性质，需要大量的人力资源，而汉办对人员经费资助最多只占汉办所提供经费的 50%，严重影响到项目实施的效果。

对于孔子学院的财务管理工作，国内合作院校参与度较低，主要是通过理事会和中方院长来参与。理事会上财务预算审核一定程度上存在流于形式的现象，缺乏实质性的深入研究和审查。部分中方院长由于不属于外方学校的正式雇员，按外方规定无法行使签字权，难以对孔子学院经费履行管理和监督责任。

对于总部下达国内合作院校的相关经费，部分合作高校重视程度不够，业务和财务部门间缺乏协同配合，业务部门对相关财务规章不熟悉，认为这些经费属自家"自留地"，用留自便，财务部门认为相关经费使用管理职责主要在业务部门，指导监督不够。上述状况导致部分合作高校孔子学院相关建设经费使用管理不善，经费未得到合理有效使用，个别高校形成大量结余。

三、财务管理不规范，导致总部项目资金拨付与项目的实施脱节

不同国家地区的财务管理制度、预算决算的时间科目等经费管理都与中国不

一样,孔子学院在财务管理中既要符合中国规定,又要适应所在国家的财务制度,两者兼顾的难度很大,而且也会因时间差异,导致总部项目资金拨付与项目的实施脱节。如麦大孔子学院的年度预算及决算的周期和汉办的周期完全不同,麦大不是按照自然年来计算的,在进行同比配给的时候,要吻合汉办的预算及决算有一定的困难。汉办要求的人力及设备的单位成本核算也比较困难,因为人力的聘请成本要由工会来决定,很难在前一年度做出下一年度的成本预算。此外,项目的资金结算使用美元为单位计算,给非美元使用地区的经费使用带来一定的难度。

财务规章制度建设尚需加强整体谋划并根据事业发展需要和国家相关法规及时修订更新,有些需要根据孔子学院工作实际进行制度创新。对哪些制度应由财务部、教育部制定,哪些由总部制定,哪些由中方承办院校规定,哪些由外方大学或孔子学院制定,应有统一的考虑和规划,并切实加强时效性和衔接性。对于孔子学院发展中遇到的新问题,难以找到既定政策依据的,应积极协调有关部门拿出创新举措。

财务管理工作一定程度上存在条块分割现象。不是按照资金流向设计管理流程,而是更多按照业务板块划分,不利于实现财务的统一监管,归口统一管理的模式尚未建立。因为开展的活动不同,一所孔子学院可能需同时向多个汉办处室申请经费,一所中方承办院校有时也需同时面对多个汉办职能部门。

各孔子学院申报预算时间不一,有的严重滞后,导致总部无法及时掌握各孔子学院全年的经费需求,并根据财政批复的预算总额对各孔子学院预算做出统筹安排。对申报滞后的孔子学院也因考虑其他因素没有采取必要的处罚措施。

四、财务基础能力建设相对薄弱,难以满足孔子学院财务管理工作的需要

财务管理各环节人员数量不足,财务相关知识和业务能力亟须加强。预算约束意识不强,对预算管理的重视程度不高的问题比较普遍存在。调研结果显示,只有18%的孔子学院聘用了专职或兼职财务人员,64%的孔子学院财务工作由大学财务人员兼职,还有一部分孔子学院根本没有专兼职财务人员。即便有专兼职财务人员的孔子学院,相关人员对孔子学院工作和总部的相关财务管理规定熟悉程度也有很大差异,部门人员的财务知识和业务能力难以满足孔子学院财务管理工

作的需要。

财务管理信息系统建设缺乏统一规划和有效整合,与各业务管理系统之间缺乏良好衔接,系统间协同度低,缺乏基础数据的标准化,无法实现财务数据和业务数据的有效连接和共享,业务部门难以利用相关财务数据改进自身工作,财务部门也难以对相关数据进行深入分析,发现管理中存在的深层次问题,并通过深入分析辅助决策。

第二节　孔子学院绩效评价的对策建议

根据绩效评价结果分析的情况,对孔子学院今后的经费管理工作提出一些切实可行的建议。

一、建立严格的财务制度及审核、汇报程序,以行政文件形式强调财务管理是保障

财务审核制度应包括预决算制度、第三方审计制度以及定期评估制度。孔子学院财务账户应专门设置,专款专用,资金使用需严格按照规章制度进行,同时定期进行汇报。

此外,要增加监察职能部门的设立,及时建立有效的监察与评估机制能及早发现问题和解决问题。孔子学院总部设立专职部门,督促和考察孔子学院的管理和运营情况,涵盖财政和人事各个方面。在财政方面,定期督促各孔子学院上交财务报告,并且派遣检查人员前往孔子学院检查,对其进行定期评估。孔子学院总部的职能从指导作用转向监督和考核,建立一整套可行度高的评价机制,并确立淘汰制度,取消办学成绩差、资源重叠的孔子学院的办学资格或令其整改。孔子学院相关管理部门参照评估结果,对标找差,不断改进经费管理措施,全面提高孔子学院经费管理的绩效水平。

二、整合当地资源,积极寻求高校、商企及政府支持,推动资金筹措渠道的多元化及可持续发展是关键

作为非营利性的教育机构,世界主要语言文化推广机构都在努力淡化官方色彩,减少政府参与。孔子学院要减轻各国的政治疑虑也必须努力朝着以民间力量为主的方式来推广。在当今市场经济的背景下,未来孔子学院的发展应该采取一种适合时代和地区的经营发展模式,简单的复制并不能算得上最佳模式,最佳的经验模式应该是"产业经营＋基金捐助＋汉办项目"型,如果既能坚持产业经营型模式,又能努力争取各种基金及捐助和汉办项目,孔子学院的长期可持续发展就完全可能实现。

资金来源的多样化则有利于保证组织资金链的稳定性与持续性。纵观世界四大语言文化推广机构,英国文化委员会和法语联盟已实现自负盈亏,其资金来源多元,政府拨款只占其中的一小部分,主要收入来自语言教学与语言考试收入和企业与基金会的捐赠,歌德学院和塞万提斯学院虽然主要依靠政府拨款,但也有不少企业与基金会的捐赠,这些都在一定程度上保证了机构运营资金来源的稳定性与持续性。孔子学院要实现自负盈亏有必要拓宽收入来源,在获得国家拨款的同时,应扩大汉语水平考试的影响力与知名度,提升其所占总收入比重并努力从社会、企业和基金会等募集资金,实现资金来源的多样化,进而保证资金的稳定与可持续。

三、建议增加沟通、建立互信,提高资金利用率及使用的灵活性是核心

切实加强中外合作院校校级领导间的交流,外国院校对各种教学需求、教学成果、教学建议等的反馈,中方院校应在此基础上不断改进教学方式、满足当地教学需求,中外双方信息互通,资源共享,互帮互助,携手推进孔子学院的发展。

对于孔子学院经费的管理,中外双方要根据孔子学院的特色来商讨制定经费管理模式。在作为主要支出的项目及活动支出上应毫不吝啬,确保语言教学和各项文化活动的有序开展;在作为次要支出的行政支出方面则要厉行节约,精打细算,根据费用的开支范围和标准,对各项支出费用的实际耗费情况进行计算、指导、监督,尽可能控制其占总支出的比重。此外,在严格遵守资金使用制度的基础上,

还可以建立战略基金,来提高孔子学院经费使用的灵活性。

四、推动汉语考试发展,拓展多元语言文化服务,增加费用收入是基础

孔子学院应针对各国学生需求,不断优化课程设置,以语言教学为例,要依据所在地的需求开设相关课程,这样不仅可以满足学习者需求,而且也能保证孔子学院的生源。除基本的文化项目外(即有关中国传统节日的文化活动),其余文化活动的开展也以需求为中心。以市场营销为辅助手段,吸引当地学生报名。增加学费收入,使其成为孔子学院的主要收入来源。汉语水平考试上也可依据需求进行开展,同时努力挖掘潜在需求,不断拓展市场。孔子学院应立足当地需求,依据合作大学的学科特色,坚持"以考促学,以考促教,考教结合"的原则,形成"立足大学开设学分课程、兼顾公共汉语培训,发展特色孔院,推广汉语水平考试"的办学特色,才能满足当地汉语的需求,跟着市场走,才能走得好走得远。

同时,应不断拓展为当地企业机构开展语言培训服务,多元化筹措资金。对于一些对中文感兴趣的公司,可以与它们签署合同并提供相应的培训和文化服务,以便获取更多的资金来源。

第十章
结论与展望

第一节　结论

本报告开展了孔子学院经费管理的绩效评价研究,得出了如下结论:

1. 本报告基于大量孔子学院相关文献的述评,介绍了孔子学院经费管理发展现状、其他国际语言教育机构相关情况,研究发现:各国际语言教育机构对于经费管理的重视程度严重不足,绩效评价工作开展较少,评价的标准不明确,评价的指标体系不健全。孔子学院的绩效评估工作也比较薄弱,目前对于孔子学院的评估来说,最为权威的当属孔子学院总部推出的《孔子学院自我评估办法》。自评办法很像一个调查表,通过"自评办法"里的内容,可以了解国外孔子学院办学的大概情况,但没有设定分值体系,很难达到"评估"效果。

2. 本报告对英国文化委员会、法语联盟、歌德学院及孔子学院的经费管理进行了国际比较研究,从运营模式、资金收入来源、经费管理方法三个方面展开,由比较结果可看出:西欧国家的这些语言教育机构已经探索出了一套适合其国情的方案,概括起来就是拓展吸引资金的渠道,降低对政府拨款的依赖度,形成多元化的资金来源。但是对于孔子学院,国内还没有形成一个企业和基金捐赠的大环境,孔子学院还处于拓展期,自负盈亏的能力较弱,对政府的拨款依赖度较高。

3. 本报告研究发现孔子学院经费管理绩效评价是一个科学、系统的有机整体,由各个相互联系的环节衔接而成,主要包括拟定实施计划、评价指标体系设计、评价方法选定、绩效评价和撰写评价报告五个部分。

4. 本报告梳理总结了孔子学院经费管理绩效评价的七种方法,分别是:德尔菲法、网络层次分析法(ANP)法、模糊综合评价法、平衡计分卡、逻辑分析法、行为锚定等级评价法以及绩效三棱镜方法。这七种方法相辅相成,贯穿孔子学院经费管理绩效评价全过程,有助于开展科学合理的绩效评价。

5. 本报告以"投入、过程、产出、效益"为框架对孔子学院经费管理进行了指标设计,最终形成了一套科学完备的指标评价体系以衡量孔子学院经费管理效率。为保证指标体系的科学性、系统性和可操作性,将不同的指标进行有机结合:个性指标与共性指标相结合、定性指标与定量指标相结合、通用性指标与创新性指标相结合、主观性指标与客观性指标相结合、过程指标与结果指标相结合。在提出了比较详尽的指标体系的同时,建立依据并具体运用,可以作为评价的指南。

6. 本报告收集了×国S大学孔子学院经费管理的相关数据,通过网络层次分析法对其经费管理效率进行了评价,由实证结果分析得出其存在的问题如下:法律环节缺失、资金结构单一、缺乏管理协作机制和民间力量参与度低;针对存在的问题提出以下建议:建立严格的财务制度及审核、汇报程序,以行政文件形式强调财务管理;拓展多元化语言服务,增加费用收入;整合当地资源,积极寻求高校、商企及政府支持,推动资金筹措渠道的多元化及可持续发展;建议增加沟通、建立互信,提高资金利用率及使用的灵活性;拓展多元语言文化服务,增加费用收入。

第二节　展望

1. 对标研究需要更加视野开阔、与时俱进、有的放矢和有所借鉴。

本报告中选取英国文化委员会、法语联盟、歌德学院为案例,对这些国际语言教育机构的经费管理绩效评价进行研究,通过吸收其他机构先进经验来改进我国孔子学院的做法,这些对标案例开拓了研究的视野。但是也有区域性的局限,因研究的国家和时间点不同,情况会发生诸多改变,所以我们要掌握静态性与动态性相结合的特点,与时俱进,摒弃采用标准化模式,积极关注这些语言教育机构采用的评价流程及侧重点。根据中国孔子学院现有的问题,有的放矢地去寻找其他国家语言教育机构的先进做法,不断向优质机构看齐。

本报告采用多种方法对孔子学院经费管理进行绩效评价。这些评价方法的特点和实施程序具有普遍的指导性意义,但更具有开放性、包容性的特点,对日后的新评价方法,我们可以将其作为补充添加进到已有的评价流程中。另外,评价方法作为通用性指南和手册,具体运用时需要结合各孔子学院的实际情况,在理论与实践相结合的基础上,由专业机构开展具体详尽的业务。

2. 技术手段和指标体系需要优化设计、取长补短、因地制宜、精准施策。

本书初步确定了 4 个一级指标,9 个二级指标,33 个待定的三级指标。因考虑到本研究构建的指标体系要适用于各个孔子学院,所以后期在具体运用过程中要进行有必要的调整。

3. 本报告的理论与实践成果兼收并蓄、适用面广,既具有理论的参考价值,又具实践应用的指南作用,可广泛应用于各级政府部门、会计师事务所、资产评估事务所、审计事务所等中介机构以及大专院校和科研院所的评价及研究工作中。

附录

附录 1　孔子学院项目资金绩效评价的指标体系

一级指标	二级指标	三级指标
投入	孔子学院年投入总额增长率	人员工资费用增长率
		办公差旅费用增长率
		设备器械费用增长率
		活动项目费用增长率
过程	资金管理	资金及时到位率
		财务制度健全性
		资金专款专用率
		资金使用合规合理性
	项目管理	项目经费申报规范性
		项目经费目标达成率
		项目经费使用合规性
	风险管理	风控机制健全性
		风控关键控制点设立
		应急管理措施
产出	教学成果	汉语等级考试通过率
		文化活动年增长率
		国际交流交换率
		新课程开设增长率

一级指标	二级指标	三级指标
产出	创新成果	世界级奖项获得数
		地区级奖项获得数
		国家级奖项获得数
		校级奖项获得数
	人才培养	招生计划完成率
		按时完成学业百分比
		优秀毕业生占比率
效益	经济效益	收支平衡率
		成本控制率
		学生学费收入增长率
		社会机构捐赠收入增长率
		活动培训费收入增长率
	社会效益	财务对文化交流影响增长率
		重大标志性成果产出率
		学员和社会满意度

附录2　孔子学院项目资金绩效评价的三级指标解释

一级指标	二级指标	三级指标	指标类型	标准值	指标解释
投入	孔子学院年投入总额增长率	人员工资费用增长率	B	10%—15%	反映孔子学院每年对于人员工资费用投入的增长情况
		办公差旅费用增长率	B	20%	反映孔子学院每年对于办公差旅费用投入的增长情况
		设备器械费用增长率	B	10%	反映孔子学院每年对于学校器械和基础设备费用投入的增长情况
		活动项目费用增长率	B	25%	反映孔子学院每年对于组织文化活动费用投入的增长情况

一级指标	二级指标	三级指标	指标类型	标准值	指标解释
过程	资金管理	资金及时到位率	B	100%	反映资金是否按计划及时到位
		财务制度健全性	A	健全	是否有健全的财务管理制度
		资金专款专用率	B	100%	考察专款资金的使用规范程度,是否按计划完全使用在指定活动上
		资金使用合规合理性	A	合理、规范	考核孔子学院预算资金的规范运行情况,是否符合相关的财务管理制度的规定
	项目管理	项目经费申报规范性	A	规范	考核管理部门组织项目申报、辅导、评审、公示等环节规范性
		项目经费目标达成率	B	100%	项目经费实际实现目标数量/项目经费计划实现目标数量
		项目经费使用合规性	A	规范	考核孔子学院项目活动资金的规范运行情况,是否符合相关的财务管理制度的规定
	风险管理	风控机制健全性	A	健全	孔子学院对于风险控制机制是否有合理规定,是否健全完善
		风控关键控制点设立	A	有	孔子学院是否设立风险关键控制点,是否严格监督
		应急管理措施	A	有	活动有无应急预案、有无止损措施、内控制度是否完善
产出	教学成果	汉语等级考试通过率	B	85%	每年考取汉语基础及初中高级证书的学生比率(以当年报考人数计)
		文化活动年增长率	B	20%—25%	与上一年相比孔子学院文教娱乐活动的增长情况
		国际交流交换率	B	10%—15%	学生中参与汉语方面国际交流的比率(应以在校生计或以每届计)
		新课程开设增长率	B	1—2门	孔子学院每年新增开设课程数量增长情况

一级指标	二级指标	三级指标	指标类型	标准值	指标解释
产出	创新成果	世界级奖项获得数	B	1—2次	孔子学院每年获得世界级奖项的次数
		地区级奖项获得数	B	1—2次	孔子学院每年获得地区级奖项的次数
		国家级奖项获得数	B	1—2次	孔子学院每年获得国家级奖项的次数
		校级奖项获得数	B	2—3次	孔子学院每年获得校级奖项的次数
	人才培养	招生计划完成率	B	100%	招生计划完成率＝实际招生报到人数/计划招生人数
		按时完成学业百分比	B	100%	按时完成学业学生学生数量/总学生数
		优秀毕业生占比率	B	20%	毕业成绩为优秀的学生数/总学生数(以届或年计)
效益	经济效益	收支平衡率	B	1%	孔子学院收入/孔子学院支出,比值在1以上是平衡有余,等于1为收支平衡,小于1为亏损
		成本控制率	B	1%	利润总额/成本费用总额,比值在1以上是盈利,等于1为平衡,小于1为亏损
		学生学费收入增长率	B	5%—10%	反映孔子学院学生学费年收入增长情况
		社会机构捐赠收入增长率	B	5%—10%	反映社会机构和个人对孔子学院捐赠的年收入增长情况
		活动培训费收入增长率	B	5%—10%	反映孔子学院组织活动收取培训费用的年收入增长情况
	社会效益	财务对文化交流影响增长率	B	100%	财务经费投入增长率/文化活动数量增长率
		重大标志性成果产出率	A	有	考察孔子学院是否在文化交流过程中有标志性成果或重大奖项
		学员和社会满意度	A	满意	考察孔子学院在校和毕业学员对学院满意程度以及社会新闻对于孔子学院评价状况

附录3　孔子学院项目资金绩效评价德尔菲征询表

尊敬的专家:

您好! 诚邀您填写孔子学院项目资金绩效评价的德尔菲征询表。此征询表中不同分值对应着每项指标的相对重要程度。请依据您的专业知识,在您觉得的重要度下面打"√"。为了便于您的理解,在文后,提供了"附录 1:孔子学院项目资金绩效评价的指标体系""附录 2:孔子学院项目资金绩效评价的三级指标解释",供您参考使用。

您的回答对于孔子学院项目资金绩效评价工作的顺利开展非常重要,感谢您的理解与支持!

一级指标	极为重要		比较重要		重要		不重要		极不重要	
	9	8	7	6	5	4	3	2	1	0
投入										
过程										
产出										
效益										

二级指标		极为重要		比较重要		重要		不重要		极不重要	
		9	8	7	6	5	4	3	2	1	0
投入	孔子学院年投入总额增长率										
过程	资金管理										
	项目管理										
	风险管理										

二级指标		极为重要		比较重要		重要		不重要		极不重要	
		9	8	7	6	5	4	3	2	1	0
产出	教学成果										
	创新成果										
	人才培养										
效益	经济效益										
	社会效益										

三级指标		极为重要		比较重要		重要		不重要		极不重要	
		9	8	7	6	5	4	3	2	1	0
孔子学院年投入总额增长率	人员工资费用增长率										
	办公差旅费用增长率										
	设备器械费用增长率										
	活动项目费用增长率										
资金管理	资金及时到位率										
	财务制度健全性										
	资金专款专用率										
	资金使用合规合理性										
项目管理	项目经费申报规范性										
	项目经费目标达成率										
	项目经费使用合规性										

续表

三级指标		极为重要		比较重要		重要		不重要		极不重要	
		9	8	7	6	5	4	3	2	1	0
风险管理	风控机制健全性										
	风控关键控制点设立										
	应急管理措施										
教学成果	汉语等级考试通过率										
	文化活动年增长率										
	国际交流交换率										
	新课程开设增长率										
创新成果	世界级奖项获得数										
	地区级奖项获得数										
	国家级奖项获得数										
	校级奖项获得数										
人才培养	招生计划完成率										
	按时完成学业百分比										
	优秀毕业生占比率										
经济效益	收支平衡率										
	成本控制率										

三级指标		极为重要		比较重要		重要		不重要		极不重要	
		9	8	7	6	5	4	3	2	1	0
经济效益	学生学费收入增长率										
	社会机构捐赠收入增长率										
	活动培训费收入增长率										
社会效益	财务对文化交流影响增长率										
	重大标志性成果产出率										
	学员和社会满意度										

以上是针对孔子学院项目设计的绩效指标,如果您对以上指标有修改意见,请反馈给我们。

最后,再次感谢您的支持!

参考文献

安亚伦,于晓宇,曾燕萍,2016.语言文化推广机构对文化产品贸易的影响——以孔子学院为例[J].国际经济合作,(12):81-86.

柏悦,2016.歌德学院与德国语言文化外交的演变[J].北京社会科学,(02):25-32.

曹叠峰,2014.各国语言推广机构运营模式和决策机制的比较分析[J].湖南师范大学社会科学学报,43(01):141-147.

陈风华,赖小春,2019.孔子学院研究的进展、热点与前沿——基于国内外核心期刊的可视化计量考察[J].高教探索,(06):112-120.

邓俊峰,梁婷,2017.新媒体视域下视觉语言传播的互动性实现[J].传媒,(24):54-56.

邓新,刘伟乾,2017."在场"理论视角下的孔子学院文化传播方式及其价值意蕴[J].民族教育研究,28(03):101-106.

董学峰,2016.国家语言战略背景下的汉语国际推广研究[D].东北师范大学.

杜巍,2013.孔子学院与歌德学院在文化推广方面的比较研究[D].浙江大学.

冯克宇,2015.基于Fuzzy AHP的区域型商业地产业态选择决策[J].管理评论,(01):57-65.

顾佳琪,2019.基于信息生态视域下的跨文化语言信息传播研究[J].情报科学,37(02):120-124.

关晓红,2015.法语联盟机构运作模式及对孔子学院的启示[J].郑州航空工业管理学院学报,33(02):133-139.

郭斌,蔡静雯,2019.我国孔子学院研究综述及其展望[J].黑龙江高教研究,37(07):45-50.

郭原奇,2012.德国对外文化政策研究[D].济南:山东大学.

何干俊,2018.当代汉语国际传播的有效途径研究[J].中南民族大学学报(人文社会科学版),38(05):154-157.

黄东超,2019.广播影视国际传播东盟语言翻译人才培养——以广西人民广播电台为例[J].中国广播电视学刊,(04):102-104.

康继军,张梦珂,黎静,2019.孔子学院对中国出口贸易的促进效应——基于"一带一路"沿线国家的实证分析[J].重庆大学学报(社会科学版),25(05):1-17.

李佳晔,2011.孔子学院管理中存在的问题及对策研究[D].北京:中央民族大学.

李峻岭,2015.移动互联网时代电视主播语言传播范式走向分析[J].现代传播(中国传媒大学学报),37(08):155-156.

李小华,2015.法国推广传播法语的策略[J].青年记者,(12):83-84.

廖典,2011.孔子学院海外文化传播策略研究[D].南昌:江西师范大学.

刘弘,蒋内利,2015.近十年对外汉语教材研究特点与趋势分析[J].国际汉语教学研究,(01):55-62.

刘洪东,2014.当代法国语言推广政策及启示[J].东岳论丛,35(02):87-91.

刘丽平,蒋鑫鑫,2011.从歌德学院看孔子学院可持续发展之路[J].当代教育与文化,3(03):83-87.

刘殊,2019.法语联盟发展策略研究[J].文化创新比较研究,3(08):64-65.

刘巍,高艳蓉,2010.西方国家语言推广的成功经验及启示[J].人民论坛,(08):118-119.

刘希,王永红,吴宋,2017.政治互动、文化交流与中国OFDI区位选择——来自国事访问和孔子学院的证据[J].中国经济问题,(04):98-107.

罗红玲,2018.融媒时代网络语言的传播、发展与规范[J].青年记者,(30):82-83.

马冲宇,2018.3D虚拟世界中的语言文化传播[J].传媒,(22):48-50.

马冲宇,2019.3D虚拟世界中的语言文化传播——以"虚拟歌德学院"项目为例[J].传媒,(13):79-83.

马晓翔,2019.刍议新媒体装置艺术的媒介运用、媒介传播与艺术语言[J].南京艺术学院学报(美术与设计),(04):153-155.

戚德祥,2019.基于语言与文化传播的国际汉语教材出版研究[J].科技与出版,(06):13-17.

申莉,2019.汉语国际传播与中国文化认同[J].人民论坛,(01):140-141.

孙一菲,2013.海外教育文化活动[D].上海:华东师范大学.

孙宜君,王长潇,2019.融媒环境下电视传播语言的嬗变与坚守[J].当代传播,(01):70-72.

滕梅,赵瑞芳,2016.传播好中国声音——从歌德学院谈对外文化机构的图书外译[J].上海翻译,(06):7-12+93.

王洁,2012.英、法、德等国语言国际推广的目标考察及其启示[J].文教资料,(18):62-63.

王薇,2014.歌德学院的发展及启示[J].公共外交季刊,(03):43-49+127.

吴才天子,2016.基于层次分析法的孔子学院评估指标体系研究[J].亚太教育,(36):265-267.

吴坚,2013.全球化下国家语言推广战略[M].北京:科学出版社,79.

吴建义,2014.孔子学院与四大语言文化推广机构对比研究[D].厦门:厦门大学.

吴应辉,2011.孔子学院评估指标体系研究[J].教育研究,32(08):30-34+92.

武迪,2017.浅析语言媒介对文化传播的作用[J].新闻传播,(23):44-46.

徐鹤,郑欣,2018.关系泛化与差序传播:青少年网络语言使用及其人际交往研究[J].中国青年研究,(08):23-31.

杨荣兰,2013.英国文化委员会的语言推广策略[J].襄阳职业技术学院学报,12(04):74-77.

姚敏,2019."大华语"视角下的汉语国际传播策略思考[J].语言文字应用,(01):20-26.

尹静,2019."一带一路"建设传导汉语言传播需求[J].前线,(09):49-51.

于苗,刘晓婷,2018.从有声语言传播角度探究文化类综艺节目的成功之道——以《朗读者》《见字如面》为例[J].电视研究,(04):47-49.

余顺坤,周黎莎,李晨,2013.ANP-Fuzzy方法在电力企业绩效考核中的应用研究[J].中国管理科学,21(1):165-173.

袁芬,2019.纪录片之文化内涵、视听语言、传播方式探析——以《如果国宝会说话》第一季为例[J].电视研究,(03):73-74.

苑承丽,2019.俄罗斯汉语传播与中俄经贸合作相关性研究[J].学术交流,(07):189.

张帆,王红梅,2006.文化的力量:德国歌德学院的历史和启示[J].比较教育研究,(11):23-27.

张西平,柳若梅,2008.世界主要国家语言推广政策概览[M].北京:外语教学与研究出版社.

赵呈晨,郑欣,2018.共享式传播:青年同辈群体中网络语言流动研究[J].山西大学学报(哲学社会科学版),41(04):72-80.

朱琳,2011.国际视野下汉语推广的比较研究[D].重庆:西南大学.

博纳德·斯波斯基,2011.语言政策——社会语言学中的重要论题[M].北京:商务印书馆,77.

Gil J,2017. Soft Power and the Worldwide Promotion of Chinese Language Learning:The Confucius Institute Project[M]. Bristol:Multilingual Matters.

田中秀明,2011.汉语国际推广与日语国际推广的比较研究[D].大连:辽宁师范大学.